高等学校会计学与财务管理系列教材

会计学原理学习指导

STUDY GUIDE TO PRINCIPLES OF ACCOUNTING

主　编　陈晓敏

副主编　牟小容　陈艳艳　石　敏　易智敏

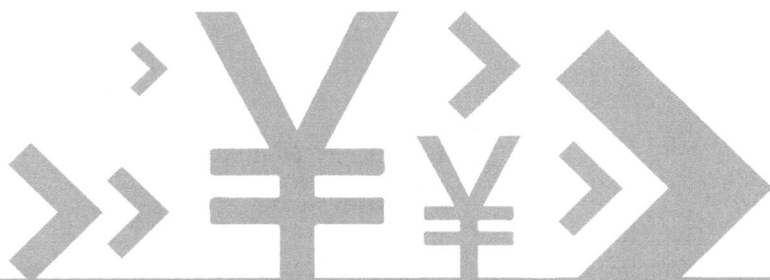

科学出版社

北　京

内 容 简 介

本书主要概括华南农业大学"会计学原理"课程教学团队编写出版的《会计学原理》各章节重点内容，使用图、表等方式清晰明了地归纳重要知识点，并对疑点、难点问题进行解答；分章提供了练习题和参考答案；并结合社会经济与会计改革发展提供思考讨论题；最后还提供 3 套模拟试卷。本书在编写中紧跟社会经济发展与改革需求，与时俱进，理论与实践并重。本书通俗易懂，深入浅出，坚持以学生为中心的教育理念，鼓励学生自主学习。

本书可作为会计、财务、金融、资产评估等经济管理大类各专业的会计辅导教材，也可为考取会计相关证书的学习者提供指导与练习。

图书在版编目（CIP）数据

会计学原理学习指导/陈晓敏主编. — 北京：科学出版社，2024.3
高等学校会计学与财务管理系列教材
ISBN 978-7-03-077841-3

Ⅰ．①会… Ⅱ．①陈… Ⅲ．①会计学－高等学校－教学参考资料
Ⅳ．①F230

中国国家版本馆 CIP 数据核字（2024）第 013352 号

责任编辑：王京苏 / 责任校对：贾娜娜
责任印制：张　伟 / 封面设计：楠竹设计

科学出版社 出版
北京东黄城根北街 16 号
邮政编码：100717
http://www.sciencep.com
北京建宏印刷有限公司 印刷
科学出版社发行　各地新华书店经销

*

2024 年 3 月第　一　版　　开本：787×1092　1/16
2024 年 3 月第一次印刷　　印张：10 1/2
字数：245 000

定价：45.00 元
（如有印装质量问题，我社负责调换）

前　言

本书是《会计学原理》（第 5 版）的配套教材，主要概述各章节的重点内容，并使用图、表等方式清晰明了地归纳各重要知识点，并对疑点、难点问题进行解答；分章提供包括单选题、多选题、判断题、综合题等在内的练习题和参考答案；并结合社会经济与会计改革发展提供思考讨论题；最后还提供了 3 套模拟试卷。

本书的主要特点如下。

（1）理论与实践并重。会计是理论与实践并重的学科，因此本书注重引导学生积极思考，将理论知识应用于实际问题，在实际应用中巩固理论知识并将知识转化为会计技能，培养学生会计思维，为后续相关专业课学习奠定扎实基础。

（2）紧跟时代步伐，与时俱进。会计随着社会经济的发展而发展，因此本书在编写中紧跟社会经济发展与改革需求，与时俱进，关注人工智能等大背景，紧跟财税改革、会计准则最新变化，及时更新相关知识。

（3）坚持以学生为中心，鼓励自主学习。本书基于实际案例提出思考讨论题，鼓励学生发挥自主性和能动性，积极思考，进行自主性、探究式学习，培养学生的专业能力与创新精神。

（4）通俗易懂，深入浅出。本书的受众主要是会计初学者，因此本书尽量做到清晰明了，方便初学者自学与掌握。

党的二十大报告指出："我们要坚持教育优先发展、科技自立自强、人才引领驱动，加快建设教育强国、科技强国、人才强国，坚持为党育人、为国育才，全面提高人才自主培养质量，着力造就拔尖创新人才，聚天下英才而用之。"教材是教学内容的主要载体，是教学的重要依据、培养人才的重要保障。在优秀教材的编写道路上，我们一直在努力。

十分感谢华南农业大学经济管理学院会计系课程组的王玉蓉、牟小容、董丽、陈艳艳、周小春、朱静玉、李晓明、于健南、范海峰、龙思颖、石敏、易智敏等老师，他们具有多年的教学经验，毫无保留地为本书提供指导，因此，本书也是华南农业大学会计学原理教学团队教学经验的总结。感谢经济管理学院的所有学生，是他们在学习中认真阅读，不断思考，指出教材和习题中的错漏，并在本书的写作过程中提出了很多建设性意见。

会计是一门技术，一门魔术，也是一门艺术。作为一门技术，它是一种商业语言，它指导我们勾画企业的基本财务面貌；作为一门魔术，它带我们探究企业运营背后的奥妙；作为一门艺术，它告诉我们很多商业甚至生活哲理。有借必有贷，借贷必相等，这一基本的借贷记账规则不就是我们生活中有失必有得、有付出必有收获的真实写照吗？欢迎大家一起来掌握会计这门技术，用它开启商业魔术与生活艺术之门。

目　录

第1章 总 论

►1.1 学 习 指 导◄

1. 会计的含义

会计是计量企业经济活动，处理并加工经济信息，并将处理结果与决策者进行交流的信息系统。会计作为一个信息系统，是联结企业和经济决策者的纽带：首先，计量和记录企业的经营活动数据；其次，将数据储存起来，并将数据加工处理成为会计信息；最后，通过报表将会计信息传递给决策者。

2. 会计学科体系分类

（1）会计按照会计主体可以分为企业会计与非企业会计。企业会计属于营利组织会计。营利组织包括独资企业、合伙企业和公司制企业，不同类型企业的经济活动具有不同的特点，具体的会计处理和分析方法也不同。非企业会计包括政府和非营利组织会计。非营利组织包括学校、医院、科研机构、图书馆和博物馆等。

（2）会计按照研究内容可分为财务会计、管理会计、税务会计和审计。财务会计是在市场经济环境下，建立在企业或其他经营主体范围内的，面向企业或者其他经营主体外部提供以财务信息为主的一个经济信息系统。

管理会计是为提高会计主体的经济效益和经济效果，在预测、决策、计划和控制等管理活动中发挥职能，向会计主体的管理者进行报告的会计。

税务会计是根据会计主体的财务会计等资料进行各项税金计算和缴纳的会计。

审计是由专职机构和人员对被审计单位的财政、财务收支及其经济活动的真实性、合法性和效益性进行审查和评价的独立性监督活动。

会计学科体系分类见图 1-1。

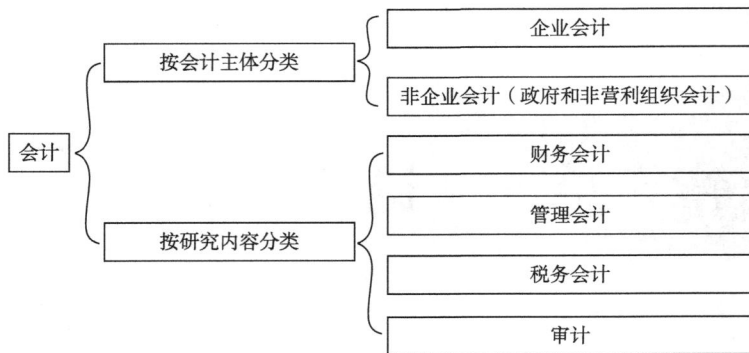

图 1-1　会计学科体系分类

3. 财务会计与管理会计的区别

财务会计是对外会计。管理会计是向会计主体的管理者进行报告的对内会计。两者在目标、对象、规范、报告、模式等方面均存在不同，具体区别见表 1-1。

表 1-1　财务会计与管理会计的区别

名称	财务会计	管理会计
目标	对外提供决策有用信息	为内部管理所用
对象	资金及其运动	成本、价格等经营决策
规范	专门的准则与制度	内部规范
报告	四报表+附注	内部报告（较灵活）
模式	账—证—表	无特殊模式

4. 会计的目标

20 世纪 70~80 年代，会计理论界对会计目标有两种不同的观点：决策有用观和受托责任观。决策有用观认为会计的目标是向信息使用者提供对决策有用的信息。受托责任观认为会计的目标是向委托人报告受托责任的履行情况。

我国《企业会计准则——基本准则》规定：财务会计报告的目标是向财务会计报告使用者提供与企业财务状况、经营成果和现金流量等有关的会计信息，反映企业管理层受托责任履行情况，有助于财务会计报告使用者作出经济决策。

我国企业的会计目标是决策有用观和受托责任观的融合。

5. 会计信息使用者

企业和个人在决策过程中都需要会计信息的帮助。会计信息使用者包括外部使用者和内部使用者。外部使用者包括投资者、债权人、政府部门及企业客户等；内部使用者包括企业内部管理人员、企业职工等。

6. 会计假设的内涵

会计假设是对不确定的外在环境做出的判断和界定，是会计核算的基本前提。我国

《企业会计准则——基本准则》规定了会计主体假设、持续经营假设、会计分期假设、货币计量假设，其具体含义及应用见表 1-2。

表 1-2　会计假设内涵表

会计假设	含义	实务应用	
会计主体	会计工作为其服务的特定单位和组织	空间范围	区分不同企业；区分本企业和企业所有者；区别于法律主体
持续经营	企业或会计主体的经营活动将无限期地经营下去	时间范围	破产清算的会计程序与方法不同
会计分期	将企业连续不断的经营活动分割为若干个较短的时期	时间范围	我国以公历年度为会计年度，会计中期包括月度、季度、半年度
货币计量	企业的生产经营活动及其成果可以通过货币予以综合反映	基本特征	我国以人民币为记账本位币

7. 会计核算基础

会计核算基础又称为记账基础，是指确定一个会计期间的收入与费用，从而确定损益的标准，基于持续经营和会计分期假设而产生的、关于在何时记录经济业务的判断方法。权责发生制与收付实现制的对比见表 1-3。

表 1-3　会计核算基础

会计核算基础	内涵
权责发生制（应收应付制、应计制）	以收入和费用是否发生为标准，按照归属期来确定本期的收入和费用
收付实现制（现收现付制、现金制）	以款项是否实际收到或实际付出确定本期收入和费用

《企业会计准则——基本准则》第九条规定：企业应当以权责发生制为基础进行会计确认、计量和报告。

8. 会计对象及会计要素

会计对象是指会计所核算和监督的内容。在市场经济条件下，企业会计对象可概括为企业的资金运动。以制造业企业为例，主要包括：筹资活动与资金投入企业；投资活动与资金的运用；经营活动与资金的循环和周转；利润的形成和分配与资金退出企业。

会计要素是对会计对象的具体内容所做的最基本的分类，也是组成财务报表的基本单位。我国《企业会计准则——基本准则》将会计要素分为资产、负债、所有者权益、收入、费用和利润六类。

资产：企业过去的交易或者事项形成的、由企业拥有或者控制的、预期会给企业带来经济利益的资源。

负债：企业过去的交易或者事项形成的、预期会导致经济利益流出企业的现时义务。

所有者权益：企业资产扣除负债后由所有者享有的剩余权益。公司的所有者权益又称为股东权益。

收入：企业在日常活动中形成的、会导致所有者权益增加的、与所有者投入资本无关的经济利益的总流入。

费用：企业在日常活动中发生的、会导致所有者权益减少的、与向所有者分配利润无关的经济利益的总流出。

利润：企业在一定会计期间的经营成果。利润包括收入减去费用后的净额、直接计入当期利润的利得和损失等。

资产按照流动性不同可以分为流动资产和非流动资产；负债按照偿还期限不同可以分为流动负债和非流动负债；所有者权益按照来源构成分为所有者投入资本、直接计入所有者权益的利得和损失，以及留存收益；收入按照来源不同分为主营业务收入、其他业务收入和投资收益等。会计要素的具体分类见图 1-2。

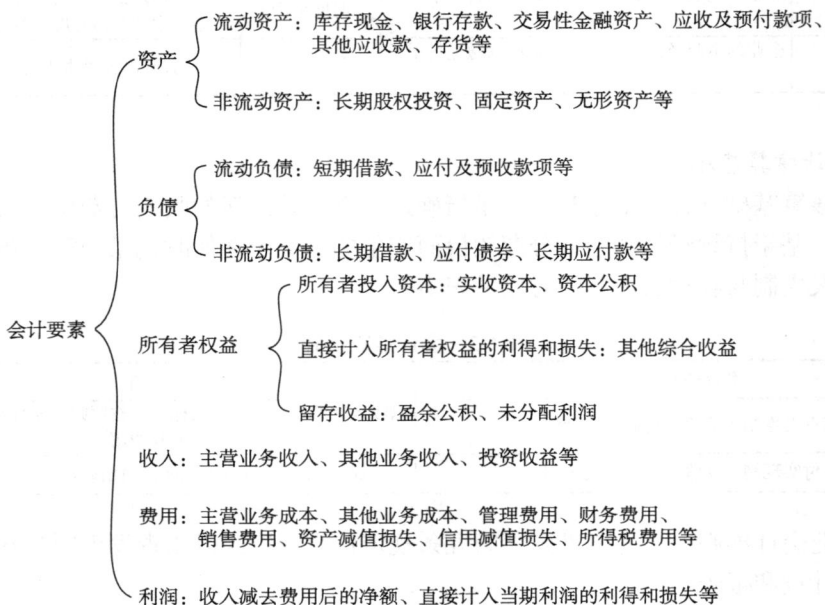

图 1-2　会计要素的具体分类

9. 负债和所有者权益的区别

（1）性质不同。负债是企业对债权人所承担的经济责任，企业负有偿还的义务；所有者权益是企业对投资人所承担的经济责任，除非企业减资或者撤销，一般情况下不需要归还投资者。

（2）权利不同。债权人只享有按期收回利息和债务本金的权利，而无权参与企业的利润分配和经营管理；所有者则可以参与企业的利润分配和经营管理。

（3）清偿顺序不同。在企业清算时，负债具有优先求偿权，而所有者权益只能在清偿完所有负债后有剩余才返还给投资者。

10. 会计信息质量特征

会计信息质量特征是会计信息要求达到的相应的质量要求，我国《企业会计准则——基本准则》规定，会计信息质量要求包括：可靠性、相关性、可理解性、可比性、实质重于形式、重要性、谨慎性、及时性。不同会计信息质量要求及内涵见表 1-4。

表 1-4 不同会计信息质量要求及内涵

会计信息质量要求	内涵	总结
可靠性	以实际发生的交易或事项为依据进行确认、计量、记录和报告	首要的基本信息质量特征
相关性	会计信息应当具有反馈价值、预测价值及时性	
可理解性	会计信息清晰明了，便于使用者理解和使用	
可比性	同一企业不同时期纵向可比；不同企业在同一时期横向可比	
实质重于形式	经济实质重于法律形式	次级质量要求，对首要质量要求的补充
重要性	根据企业所处环境和实际情况，从项目的性质和金额两方面判断重要性	
谨慎性	不高估资产和收益，不低估负债和费用	
及时性	及时收集、处理、传递会计信息	

在实务中，需要在不同质量要求之间权衡取舍。要实现财务报告的目标，在不同质量要求之间达到适当平衡，会计人员需要运用职业判断，权衡不同质量要求在不同情况下的相对重要性。

11. 会计的基本程序

会计的基本程序是指会计数据处理与信息加工的程序，主要包括确认、计量、记录和报告等。会计的基本程序见表 1-5。

表 1-5 会计的基本程序

会计的基本程序	具体内容
会计确认	将某一项目作为会计要素加以记录和列入财务报表的过程
会计计量	解决会计要素在记录时和在报表中如何进行数量描述的问题
会计记录	将经过确认和计量的项目在账户中正式记载的过程
会计报告	以财务报表或其他财务报告的形式向信息使用者提供会计信息的过程

12. 会计方法

会计方法是实现会计目标的手段和方式。一般而言，会计方法由会计核算、会计预测、会计控制、会计分析和会计检查组成：①会计核算是会计的基本环节；②会计预测、会计控制、会计分析和会计检查都必须建立在会计核算的基础上，它们都是利用会计核算所提供的信息进行的。会计学原理中主要学习会计核算方法。

会计核算方法就是指对所发生的经济业务连续地、系统地、完整地进行记录和计算并提供有用会计信息的方法，包括设置账户、复式记账、填制与审核凭证、登记账簿、成本计算、财产清查、编制报表等。会计核算方法及内容见表 1-6。

表 1-6 会计核算方法及内容

会计核算方法	内容
设置账户	T 型账户，会计科目
复式记账	复式记账原理
填制与审核凭证	原始凭证、记账凭证

续表

会计核算方法	内容
登记账簿	过账技巧，账簿登记规定
成本计算	如何划分与汇总成本
财产清查	盘点技巧，银行存款余额调节表
编制报表	工作底表，编制方法

13. 会计计量属性

会计计量属性是指所计量的某一要素的特性。我国《企业会计准则——基本准则》第四十二条规定，会计计量属性主要包括历史成本、重置成本、可变现净值、现值、公允价值等。会计计量属性及适用范围见表1-7。

表1-7　会计计量属性及适用范围

计量属性	对资产的计量	对负债的计量	可靠性	相关性
历史成本	过去取得时的金额	承担现时义务时的金额	强	弱
重置成本	现在购买时的金额	现在偿还的金额		
可变现净值	现在销售时所能获得的现金净额			
现值	未来持续持有的现金流量选择一定的折现率折算为现在的金额		↓	↓
公允价值	任何时点上，市场参与者在计量日发生的有序交易中达成的价格		弱	强

不同计量属性的可靠性与相关性不同，历史成本可靠性最高，但其对决策的相关性低，公允价值对决策的相关性最高，但是由于存在不确定性，其可靠性较弱。鉴于重置成本、可变现净值、现值和公允价值在运用时需要进行估计，为了保证会计信息质量的可靠性与相关性，企业在对会计要素进行计量时，一般应采用历史成本，采用可变现净值、现值和公允价值计量的，应当保证所确定的会计要素金额能够取得并可靠计量。

►1.2　难点、疑点解析◄

1. 如何理解财务会计的目标

确定目标是构建一个人工信息系统的起点，会计目标希望解决三个问题：①为什么要提供会计信息；②向谁提供会计信息；③提供哪些会计信息。理论界关于财务会计的目标有决策有用观和受托责任观两种。我国会计准则规定的会计目标是决策有用观和受托责任观的融合。

2. 为什么要有会计假设

假设是若干理论的原始命题，是进行演绎推理或科学论证的前提条件。会计需要在相对稳定的环境中进行确认、计量、记录和报告。会计假设是对不确定的外在环境做出的判断和界定，是会计核算的基本前提。企业在持续经营条件下进行会计核算，并限定其空间范围、时间长度和计量手段。我国《企业会计准则——基本准则》规定会计主体假设、持续经营假设、会计分期假设、货币计量假设。

3. 不同会计信息质量要求之间的关系

可靠性、相关性、可理解性和可比性是会计信息的首要质量要求，是企业财务报告中所提供会计信息应具备的基本质量特征；实质重于形式、重要性、谨慎性和及时性是会计信息的次级质量要求，是对可靠性、相关性、可理解性和可比性等首要质量要求的补充和完善。在对某些特殊交易或事项进行处理时，需要根据这些质量要求来把握。

会计信息的可靠性也称客观性、真实性，要求企业以实际发生的交易或事项为依据进行确认、计量和报告，如实反映符合确认和计量要求的各项会计要素及其他相关信息，保证会计信息真实可靠、内容完整。

相关性又称有用性，要求企业提供的会计信息应当与财务报告使用者的经济决策需求相关，有助于财务报告使用者对企业过去、现在或未来的情况做出评价或预测。这要求会计信息应当具有反馈价值、预测价值和及时性。

关于可靠性与相关性的讨论一直是会计界争议的热点，会计信息很难兼顾可靠性与相关性，如在物价不断变动情况下，历史成本信息相对客观，但是相关性不够；以交易为目的的金融资产，以现行市场价格衡量的公允价值满足其决策相关性要求，但是由于市场价格不稳定，其可靠性又不足。

在实务中，常常需要在各个质量要求之间权衡或取舍，其目的一般是达到质量要求之间的适当平衡，以便实现财务报告目标。因此要求会计人员对质量要求在不同情况下的相对重要性进行职业判断。

4. 如何学好会计

传统观念中的会计就是算账记账，但是现代社会中，学习会计已经不是简单地学习记账，要掌握会计方法，会计人员应该具备基本的动手能力，培养职业判断能力，树立基本的职业道德观念，保持终身学习能力。

（1）具备基本的动手能力：许多学生总是反映，为什么学"会计学原理"的时候，上课好像都听懂了，但是一做题又都不会，这就是会计的实操性所决定的。会计很重要的特点是实用性和操作性，任何一种会计程序、方法和具体处理的掌握都需要通过实际应用来检验。会计的知识特点决定了学生在学习时既要通过自主学习、老师的授课等多种方式去理解基本的概念、方法和原理，还要在实际运用中将相关的知识内化，转化为会计技能。因此，"会计学原理"课程要求课前预习，课中听讲理解，课后动手练习，检验和巩固自己的学习成果。

（2）培养职业判断能力：许多人认为会计就是记账，掌握会计记账规则就等于学会了会计。实不然，会计记账、编制报表是最基本的会计方法。在日益复杂的经济环境中，对经济业务实质的判断，在众多不确定条件下做出正确的选择，是会计人员所面临的新的考验，职业判断能力是会计人员必须具备的一项基本素质。会计要求业财融合，需要在实际业务中理解会计方法的选择及其不同的经济后果，不能就会计论会计。既要知其然，又要知其所以然。这要求会计人员不仅要有扎实的理论知识基础，还要通过持续学习培养相关的经济管理思维。

（3）树立基本的职业道德观念：立德树人，会计教育的根本要回归到育人。在会计学原理学习过程中要树立基本的职业道德观念。潘序伦先生指出"立信，乃会计之本。没有信用，也就没有会计"。他把信用作为会计工作的生命线。朱镕基同志给三大国家会计学院题词"不做假账"，给会计诚信做了很好的诠释。会计要实现核算、监督、参与决策的基本职能，要求其所提供的信息必须是真实可靠的。因此，会计行业的性质决定了所有会计人员必须以诚信为本，操守为重，遵循准则，不做假账。正因为会计行业有了诚信、真实的职业道德，才能获得社会的信赖与赞誉。会计人员只有立足于职业道德，诚信为本，坚守准则，才能实现事业和个人的长远发展。

（4）保持终身学习能力：复旦大学校长杨福家教授曾说：一个大学生在毕业离开大学的那天里，他在这四年里所学的知识有 50%已经过时。在知识高速更新迭代的今天，个人社会竞争力的高低不仅仅取决于自身现在掌握多少知识，更大程度上取决于个人学习掌握新知识的速度和能力，所以，在未来，个人学习能力将是其最核心的竞争力。知识更新在会计专业显得尤为突出。会计随着社会经济的发展而发展，新的经济模式不断涌现，经济业务类型不断创新，会计准则不断修订，我们学习的专业知识在毕业时可能不再有价值了，甚至在我们学习的过程中相关的准则就发生了变化，但是学习的目的不是掌握某个具体的会计处理。会计学习的目的是掌握会计处理背后的原因与经济后果，即要掌握其来龙去脉。只有这样才能以不变应万变。美国会计教育改革委员会在其第 1 号公报《会计教育的目标》中强调，学校会计教学的目的不在于训练学生在毕业时即成为一个专业人员，而在于培养他们拥有在未来成为一个专业人员应有的素质。

会计教育最重要的目标是培养学生独立学习的素质，大学教育应是提供学生终身学习的基础，使他们在毕业后能够以独立自我的精神持续地学习新的知识，因此，学生个人的自主学习能力就成为会计学专业人员生存与成功的必备条件。这是一个不断变化的时代，唯一不变的就是变化。学习最重要的是培养一种学习能力，一种终生都能受用的学习能力。

▶1.3　练　习　题◀

一、单选题

1. 会计所使用的主要计量尺度是（　　）。
A. 实物量度　　　　　　　　　　B. 劳动量度
C. 货币量度　　　　　　　　　　D. 实物量度和货币量度
2. 会计的一般对象可以概括为（　　）。
A. 经济活动　　　　　　　　　　B. 生产过程中的资金运动

C. 生产活动　　　　　　　　　　D. 管理活动

3. 会计以（　　）管理为基本内容。

A. 实物　　　　　　　　　　　　B. 质量

C. 价值　　　　　　　　　　　　D. 生产

4. 下列业务不属于会计核算范围的事项是（　　）。

A. 用银行存款购买材料　　　　　B. 生产产品领用材料

C. 企业自制材料入库　　　　　　D. 与其他企业签订购料合同

5. 下列会计要素，属于静态要素的有（　　）。

A. 负债　　　　　B. 收入　　　　　C. 费用　　　　　D. 利润

6. 资产通常按流动性分为（　　）。

A. 有形资产与无形资产　　　　　B. 货币资产与非货币资产

C. 流动资产与非流动资产　　　　D. 本企业资产与租入的资产

7. 下列项目中，属于流动负债的是（　　）。

A. 预付账款　　　B. 应收账款　　　C. 预收账款　　　D. 财务费用

8. 企业为生产产品和提供劳务而发生的应当按照一定的标准分配计入生产经营成本的是（　　）。

A. 直接费用　　　B. 期间费用　　　C. 间接费用　　　D. 管理费用

9. 下列资产，属于企业的长期资产的是（　　）。

A. 无形资产　　　B. 应收票据　　　C. 原材料　　　　D. 预收账款

10. 企业销售材料收入属于（　　）。

A. 主营业务收入　　　　　　　　B. 营业外收入

C. 其他业务收入　　　　　　　　D. 投资收益

11. 所有者权益是（　　）对企业净资产的所有权。

A. 国家　　　　　　　　　　　　B. 企业职工

C. 厂长、经理　　　　　　　　　D. 企业所有者

12. 企业尚未给予指定用途留于以后年度分配的留存收益，称为（　　）。

A. 实收资本　　　　　　　　　　B. 未分配利润

C. 盈余公积　　　　　　　　　　D. 本年利润

13. 会计主体假设规定了会计核算的（　　）。

A. 时间范围　　　　　　　　　　B. 空间范围

C. 期间费用范围　　　　　　　　D. 成本开支范围

14. 建立货币计量假设的基础是（　　）。

A. 币值变动　　　B. 人民币　　　　C. 记账本位币　　　D. 币值稳定

15. 将企业资产和负债区分为流动和长期的前提是（　　）。

A. 会计主体　　　B. 持续经营　　　C. 会计分期　　　　D. 货币计量

16. 下列原则中不属于信息质量要求的原则是（　　）。

A. 明晰性原则　　　　　　　　　B. 可比性原则

C. 配比原则　　　　　　　　　　D. 相关性原则

17. 6 月 20 日企业采用赊销方式销售产品 50 000 元，顾客 7 月 25 日支付 10 000 元货款，8 月 25 日支付 20 000 元，9 月 25 日支付 20 000 元，按权责发生制核算时，该项收入应属于（   ）。

A. 6 月　　　　　B. 7 月　　　　　C. 8 月　　　　　D. 9 月

18. （   ）原则，是指对一个会计期间的收入和与其相关的成本、费用应配合起来进行比较，在同一会计期间登记入账，以便计算本期损益。

A. 可比性　　　　　　　　　　　B. 权责发生制

C. 配比　　　　　　　　　　　　D. 划分权益性支出与资本性支出

19. 企业如将存货计价方法由全月一次加权平均法改为先进先出法，而没有在会计报告中说明这种变动的原因，以及变动后对企业财务状况和经营成果的影响，这种做法违背了会计的（   ）。

A. 相关性原则　　　　　　　　　B. 谨慎原则

C. 重要性　　　　　　　　　　　D. 可比性原则

20. 20 世纪前后，随着资本主义国家经济的发展，现代化的管理方法和技术渗透到会计领域，传统会计分化为（   ）。

A. 基础会计和财务会计　　　　　B. 财务会计和管理会计

C. 复式会计和单式会计　　　　　D. 制造业会计和服务业会计

二、多选题

1. 企业在组织会计核算时，应作为会计核算基本前提的是（   ）。

A. 会计主体　　　B. 持续经营　　　C. 货币计量　　　D. 会计原则

E. 会计分期

2. 会计的特点主要表现在（   ）。

A. 以货币为主要计量单位

B. 对经济活动进行完整、系统、连续而综合的记录

C. 以价值管理为基本内容

D. 以项目管理为对象

E. 以提高经济效益为终极目的

3. 会计的目标是（   ）。

A. 为决策者提供决策有用的信息　　B. 反映经营管理者的经管责任

C. 提供企业非货币性的技术信息　　D. 提供企业非货币性的人员信息

E. 提供企业未来发展前景的预测

4. 资金运动的动态要素包括（   ）。

A. 资产　　　　　　　　　　　　B. 所有者权益

C. 收入　　　　　　　　　　　　D. 费用

E. 利润

5. 下列项目属于资产要素的有（　　）。

A. 原材料　　　　B. 预付账款　　　　C. 预收账款　　　　D. 资本公积

E. 本年利润

6. 下列项目属于所有者权益要素的有（　　）。

A. 长期投资　　　　B. 实收资本　　　　C. 资本公积　　　　D. 盈余公积

E. 未分配利润

7. 利润是企业在一定期间的经营成果，由（　　）构成。

A. 主营业务收入　　　　　　　　B. 营业利润

C. 投资净收益　　　　　　　　　D. 营业外收支净额

8. 反映企业财务状况的会计要素有（　　）。

A. 资产　　　　　B. 收入　　　　　C. 费用　　　　　D. 负债

E. 所有者权益

9. 反映企业经营成果的会计要素有（　　）。

A. 资产　　　　　B. 收入　　　　　C. 费用　　　　　D. 利润

E. 所有者权益

10. 下列关于会计要素之间关系的说法正确的是（　　）。

A. 费用的发生，会引起资产的减少，或引起负债的增加

B. 收入的取得，会引起资产的减少，或引起负债的增加

C. 收入的取得，会引起资产的增加，或引起负债的减少

D. 所有者权益的增加可能引起资产的增加，或引起费用的增加

E. 费用的发生，会引起资产的增加，或引起负债的减少

11. 下列关于资产的特征说法正确的有（　　）。

A. 必须为企业现在所拥有或控制

B. 必须能用货币计量其价值

C. 必须是用来转卖的财产

D. 必须是有形的财产物资

E. 必须具有能为企业带来经济利益的潜力

12. 负债的特点是（　　）。

A. 除非偿还，否则不能无条件终止

B. 需在约定的日期内偿还

C. 偿还期一年以上

D. 能用货币确切计量

E. 是由过去发生的经济业务而产生的

13. 可以作为一个会计主体进行核算的有（　　）。

A. 销售部门　　　　　　　　　B. 企业生产车间

C. 母公司　　　　　　　　　　D. 分公司

E. 母公司及子公司组成的企业集团

14. 因收入的取得而可能发生变化的会计要素有（　　　）。

A. 收入 　　　　　　　　　　　　B. 费用

C. 所有者权益 　　　　　　　　　D. 资产

E. 负债

15. 会计核算方法包括（　　　）。

A. 成本计算 　　B. 会计凭证 　　C. 编制会计报表 　　D. 分析会计报表

E. 设置会计科目和复式记账

三、判断题

1. 会计分期不同，对当期利润会产生影响。（　　）

2. 我国所有企业的会计核算都必须以人民币作为记账本位币。（　　）

3. 凡是会计主体都应进行独立核算。（　　）

4. 法律主体必定是会计主体，会计主体也必定是法律主体。（　　）

5. 谨慎原则是指在会计核算中应尽量低估企业的资产和可能发生的损失、费用。（　　）

6. 确定了收入要素和费用要素的数量也就确定了利润要素的数量。（　　）

7. 只要是企业拥有或控制的资源就可以确认为资产。（　　）

8. 会计的终极目标是提高企业的经济效益。（　　）

9. 会计的基本职能是预测。（　　）

10. 《企业会计准则》规定我国企业的会计期间按年度划分，以日历年度为一个会计年度，即从每年 1 月 1 日至 12 月 31 日为一个会计年度。（　　）

四、综合题

1. A 工厂 8 月 30 日资产、负债及所有者权益状况如下。

内容	金额/元	资产、负债或所有者权益	资产金额/元	负债、所有者权益金额/元
1. 厂房	40 000			
2. 国家投资机器设备一台	200 000			
3. 库存现金	400			
4. 运输用卡车	34 000			
5. 车间完工产品	29 000			
6. 向银行借入一年期借款	20 000			
7. 应付 B 工厂的购货款	10 000			
8. 所有者投入现金	100 000			
9. 应收 C 工厂的销售货款	31 000			
10. 车间在产品	500			
11. 暂付采购员差旅费	100			
12. 生产用锅炉	21 000			
13. 仓库储存的完工产成品	23 000			

续表

内容	金额/元	资产、负债或所有者权益	资产金额/元	负债、所有者权益金额/元
14. 存在银行的款项	25 500			
15. 生产车间用机器设备	105 000			
16. 库存生产用原材料	20 500			

根据上述项目内容，区分资产、负债、所有者权益，并分别计算资产，以及负债、所有者权益金额合计数。

2. B 工厂 12 月发生下列经济业务。

（1）销售产品 70 000 元，其中 30 000 元已收到并存入银行，其余 40 000 元尚未收到。

（2）收到现金 800 元，系上月的租金收入。

（3）用现金支付本月的水电费 900 元。

（4）本月应计利息收入 1 900 元。

（5）用银行存款支付上月借款利息 500 元。

（6）预收销售货款 26 000 元，已通过银行收妥入账。

（7）上月预收货款 18 000 元的产品本月实现销售。

（8）支付下个月的财产保险费 200 元。

分别按权责发生制和收付实现制原则计算 12 月的收入、费用，并分析比较两者的异同。

业务号	权责发生制		收付实现制	
	收入	费用	收入	费用
（1）				
（2）				
（3）				
（4）				
（5）				
（6）				
（7）				
（8）				

五、案例分析题

1. 甲、乙、丙三位同学合资开了个校园打印店，现出现如下财务问题。

（1）因打印店业务不多，三人学习也比较紧张，认为没有必要每月结账，决定每个季度末结账，并由甲同学编制资产负债表和利润表，乙同学管理现金收支，丙同学则负责审核。

（2）打印店店面是租来的，每年租金 3 万元，三人认为金额较大，因此将 3 万元列入固定资产。

（3）因为有同学来，甲同学从乙处支出现金 200 元和同学一起吃饭，甲将其作为打印店的办公费用。

（4）3 月打印店赊购了 500 元的纸张，甲认为因为尚未付款所以并没有将其登记入账。

（5）4 月打印店支付了上个月的水电费 600 元，甲将其作为 4 月的费用登记入账。

（6）5 月打印店收到外籍同学支付的打印费用 50 美元，将其直接计入美元账户。

（7）5 月底，计提固定资产折旧（打印机），以前使用直线法，考虑到 5 月毕业生打印论文收入较多，改用双倍余额递减法计提折旧。

（8）因为考虑到甲 6 月底有期末考试没有时间编制报表，因此到 6 月 15 日，就将 6 月 1 日至 6 月 15 日的收入、费用汇总后计算出半个月的利润，并编制财务报表。

请结合本章所学知识，对该打印店财务会计的相关业务进行评价分析。

2. 2017 年 5 月 "德勤财务机器人" 正式上岗刷爆朋友圈，5 月下旬，普华永道推出属于自己的财务机器人解决方案。6 月初，安永也马不停蹄地推出了智能机器人。6 月下旬，毕马威推出机器人流程自动化服务，为国际四大会计师事务所中最后一家明确提供机器人流程自动化服务的事务所。根据埃森哲官方数据：截至 2020 年，40%的业务类会计工作（transactional accounting work）会被机器人替代。德勤财务机器人专家更是直言 "我们预计到 2025 年，基础财务（工作人员）都会被机器人替代"。因此，在互联网、大数据、人工智能的背景下，财务共享、云财务、财务机器人不断涌现，人们开始质疑，那我们还需要学会计吗？会计这个职业会消失吗？

3. 明天要学 "会计学原理" 课程了，宿舍四位新同学聚在一起讨论会计是什么。

甲说，会计是一个专业，我高考的时候很多人劝我选择会计专业，但是每所学校的会计专业录取分数都很高。

乙说，会计是一种职业，我身边有亲戚是当会计的，以前古代的账房先生，拿个算盘算账的。

丙说，会计是一门课程，像我们马上要学 "会计学原理" 啦。听说学了 "会计学原理"，还要学 "中级财务会计" 和 "高级财务会计"。

丁说，会计是一个部门，企业里面都有会计部，学校交学费办饭卡都到财务处。

那么，会计究竟是什么？

▶1.4　参　考　答　案◀

一、单选题

（1~5）　C　B　C　D　A
（6~10）　C　C　C　A　C
（11~15）　D　B　B　D　C

（16~20）C　　A　　B　　D　　B

二、多选题

1. ABCE	2. ABCE	3. AB	4. CDE	5. AB
6. BCDE	7. BCD	8. ADE	9. BCD	10. AC
11. ABE	12. BDE	13. ABCDE	14. ACDE	15. ABCE

三、判断题

1. √	2. ×	3. √	4. ×	5. ×
6. √	7. ×	8. √	9. ×	10. √

四、综合题

1.

内容	金额/元	资产、负债及所有者权益	资产金额/元	负债、所有者权益金额/元
1. 厂房	40 000	资产	40 000	
2. 国家投资机器设备一台	200 000	所有者权益		200 000
3. 库存现金	400	资产	400	
4. 运输用卡车	34 000	资产	34 000	
5. 车间完工产品	29 000	资产	29 000	
6. 向银行借入一年期借款	20 000	负债		20 000
7. 应付 B 工厂的购货款	10 000	负债		10 000
8. 所有者投入现金	100 000	所有者权益		100 000
9. 应收 C 工厂的销售货款	31 000	资产	31 000	
10. 车间在产品	500	资产	500	
11. 暂付采购员差旅费	100	资产	100	
12. 生产用锅炉	21 000	资产	21 000	
13. 仓库储存的完工产成品	23 000	资产	23 000	
14. 存在银行的款项	25 500	资产	25 500	
15. 生产车间用机器设备	105 000	资产	105 000	
16. 库存生产用原材料	20 500	资产	20 500	
		合计	330 000	330 000

2. 权责发生制：收入=70 000+1 900+18 000=89 900 元

费用=900 元

收付实现制：收入=30 000+800+26 000=56 800 元

费用=900+500+200=1 600 元

业务号	权责发生制		收付实现制	
	收入	费用	收入	费用
（1）	70 000		30 000	
（2）			800	
（3）		900		900
（4）	1 900			
（5）				500
（6）			26 000	
（7）	18 000			
（8）				200
合计	89 900	900	56 800	1 600

五、案例分析题

1. （1）打印店实现了会计职责分离，便于进行财务控制监督。

（2）对于租入店面，打印店只有使用权，没有所有权，因此不应作为固定资产入账。

（3）甲同学招待同学的支出属于其个人行为，不应作为打印店的费用列支，违背会计主体假设。

（4）按照权责发生制原则，应由本期负担的费用不论现金是否支出都应作为本期费用列支。

（5）按照权责发生制原则，此费用应在3月确认。

（6）违背货币计量假设，应确定人民币为记账本位币，外币业务应折算为人民币。

（7）违背会计可比性原则，同样的经济业务应保持纵向可比。

（8）会计报表应及时编制，月份报表应在月度终了后6天内（节假日顺延）完成，该店违背会计分期假设。

2. 首先，互联网、人工智能、财务机器人改变了会计的工作方式，但是会计的基本理论、基本方法并没有改变。学会计，需要掌握会计的基本方法与基本理论，才能理解计算机处理财务背后的原理。

其次，机器人的出现是挑战，更是机遇！

中央财经大学教授祁怀锦曾预测：信息化、智能化、互联网、物联网、大数据整合后，财务工作思路大调整，我们85%的会计人员可能失业。财务行业颠覆式的发展是大势所趋，但并不意味着会计职业的消失。财务机器人的出现是顺应时代的产物，财务人员能做的是迎接挑战，抓住机遇。

财务机器人使会计人员从烦琐的基础工作中解脱，会有一部分从事基础会计核算工作的会计人员被替代，但是会计人员也因而有更多的时间与精力去进行机器人不能从事的对财务数据的分析，将财务数据与业务融合，将财务数据与企业的战略发展、商业模式和行业特征等相结合进行分析，真正发挥会计参与决策的职能。

最后，任何行业与个人在变化的社会都存在被替代的可能，所以我们唯一能做的是保持不断学习的能力，立足当下，紧跟时代步伐，实现个人知识与能力的不断更新迭代才是当务之急。

3. 在日常生活中会计有很多不同的含义，这四位同学的看法都说明了会计含义的一部分，但不够全面。

（1）会计是一门学科，按照研究内容的不同可分为财务会计、管理会计、税务会计和审计。财务会计是在市场经济环境下，建立在企业或其他经营主体范围内的，旨在向企业或其他主体外部提供以财务信息为主的一个经济信息系统。

管理会计是从财务会计中分离出来的一个会计分支，它是指为提高会计主体的经济效益和经济效果，在预测、决策、计划和控制等管理活动中发挥职能，向会计主体的管理者进行报告的会计。

税务会计是指根据会计主体的财务会计等资料进行各项税金计算和缴纳的会计。

审计是由专职机构和人员对被审计单位的财政、财务收支及其经济活动的真实性、合法性和效益性进行审查和评价的独立性监督活动。在会计学课程体系中，上述内容按照层次可分为初级、中级和高级等课程，如会计学原理（基础会计或初级会计）、中级财务会计、高级财务会计、管理会计基础、高级管理会计等。初级会计学、会计学原理概括介绍企业会计处理的基本方法与原理；中级财务会计学详细介绍企业一般性经济业务的会计处理；高级财务会计学介绍一些特殊经济业务和特殊经营方式，企业的特殊会计事项的会计处理，如合并报表、外币业务、租赁、物价变动会计、破产清算会计、独资、合伙、分支机构会计等。

（2）会计是一项经济管理工作，按照服务主体的不同，可以分为企业会计、政府和非营利组织会计。

企业会计，是指反映和监督企业财务状况和经营成果、帮助提高企业经济效益的会计，是营利组织会计。企业存在不同类型，按照组织形式可分为独资企业、合伙企业和公司制企业，按照规模可分为大型、中型、小型和微型企业，按照行业可分为工业、商业、交通运输业等。

政府和非营利组织会计是指反映、监督政府和非营利组织资金来源与运用以及资金使用效果的会计。非营利组织包括学校、医院、科研机构、图书馆和博物馆等。

因此，会计的就业范围十分广泛，各行各业，各种组织形式。

（3）会计是一个职业，按照所从事会计工作的内容和作用来看，会计职业人员可以分为两大部分，一部分是在某一单位（如企业、事业单位、行政机关等）内部从事会计核算工作和有关会计工作的人员，其任务是核算本单位所发生的经济活动，报告本单位的财务状况与经营成果，并参与单位管理和决策。他们通常被称为"会计人员"。前面所介绍的会计核算（即财务会计）工作，就是由这些会计人员完成的。另一部分通过加入会计师事务所，以中立者的身份，接受企业单位及其以外的利益集团或组织的委托，对企业会计报表的合法性和公允性进行鉴证，以及开展验资评估等业务。这部分人所从事的活动通常被称为审计工作，他们则被称为审计人员或注册会计师。

从会计分工、会计岗位设置角度，根据《会计基础工作规范》的规定，会计工作岗位一般可分为以下几种：会计机构负责人或者会计主管人员，负责领导本单位的会计工作，对本单位的会计工作全面负责。其他岗位还包括掌管资金的出纳、财产物资核算、工资核算、成本费用核算、财务成果核算、资金核算、往来结算、总账报表、稽核、档案管理等岗位。会计工作岗位，可以一人一岗、一人多岗或者一岗多人。无论如何分工，在确定岗位时，应贯彻内部牵制原则，不相容的业务不得由同一会计人员执行，落实钱、账、物分管制度。出纳人员不得兼管稽核，会计档案保管和收入、支出、费用、债权债务账目的登记工作。

▶1.5　思考讨论题◀

（1）技术进步、人口结构变化及商业模式创新对经济发展产生了潜移默化的巨大影响，新经济时代已然到来。企业存在的理由就是创造价值，而传统财务报告的致命缺陷是无法反映价值创造，因此映射价值创造的整合框架应运而生。价值创造不仅要关注取得的绩效，也要关注取得绩效所承担的风险。最新价值创造的路径是商业模式创新，但创新的商业模式也给财务管理提出了挑战。黄世忠教授的专著《新经济　新模式　新会计》带领我们认识当会计将遇见的新经济、新技术、新商业模式。

◎ 我们该如何应对流量为王、平台至上？无边界组织等经济的新变化是否会突破我们的会计基本假定？

（2）随着社会经济的发展，企业组织形式也发生变化，企业组织形式从法律上可分为独资、合伙和公司三种形式。

◎ 结合本章教材知识，理解为什么经济越发展，会计越重要，在不同的经济条件下，在不同的企业组织形式中，会计发挥的作用有所不同。

第 2 章　账户与复式记账

📖 **内容框架**

会计等式；账户与会计科目；账户的基本结构与分类；复式记账原理；借贷记账法的原理和应用

▶2.1　学 习 指 导◀

1. 会计等式

会计等式是指会计要素之间存在的一种稳定的数量关系。

静态会计要素包括资产、负债、所有者权益。静态会计恒等式：资产=负债+所有者权益，静态会计恒等式反映企业在某一特定时点的财务状况，根据该恒等式，可以构建资产负债表。

动态会计要素包括收入、费用、利润。根据利润定义构建动态会计恒等式：收入–费用=利润，动态会计恒等式反映企业在一定会计期间的经营成果，根据该恒等式，可以构建利润表。

收入与费用会导致资产、负债、所有者权益的变化，因此构成综合会计恒等式。会计等式表见表 2-1。

表 2-1　会计等式表

静态会计恒等式
资产=负债+所有者权益
动态会计恒等式
收入–费用=利润
企业取得收入时，资产增加或负债减少；企业发生费用时，资产减少或负债增加。因此，资产=负债+所有者权益+（收入–费用）
综合会计恒等式
资产+费用=负债+所有者权益+收入

经济业务对会计等式的影响：每一项经济业务的发生，都会引起会计等式左右两方有关项目的增减变动（变动规律：同方项目，一增一减；异方项目，同增同减）；不论发生什么类型的经济业务，会计等式的平衡关系始终成立。

2. 会计账户与会计科目

会计账户就是对会计要素进行分类核算的工具。根据信息使用者的具体要求和管理需要，对会计要素进行科学的再分类，并给每一类别以标准的名字和相应的结构。账户的名字称为"会计科目"。

会计账户与会计科目的联系如下所示：①都是对会计对象具体内容的分类，且口径一致；②会计账户是根据会计科目开设的，有多少个会计科目就要开设多少个会计账户；③会计账户是会计科目的运用，会计科目是会计账户的名称。

会计账户与会计科目的区别如下所示：①会计账户着重连续反映经济活动，而会计科目着重反映会计对象科学分类的内容；②会计账户表现在设置的账簿上，具有一定的结构格式，而会计科目不具备，会计科目表现在名称编号上，由国家统一规定；③设置会计账户的内容包含着会计科目的内容，会计科目可单独存在，它不包括会计账户。

3. 会计账户登记的规律

会计账户等级存在一定的规律：①账户期初、期末余额一定在增加方；②期末余额=期初余额+本期增加额−本期减少额。

4. 会计账户的分类

会计账户可以按照经济内容、提供内容的详细程度、与报表的关系、期末是否存在余额等进行不同的分类，见图 2-1（a）。会计账户还可按照用途与结构进行分类，见图 2-1（b）。

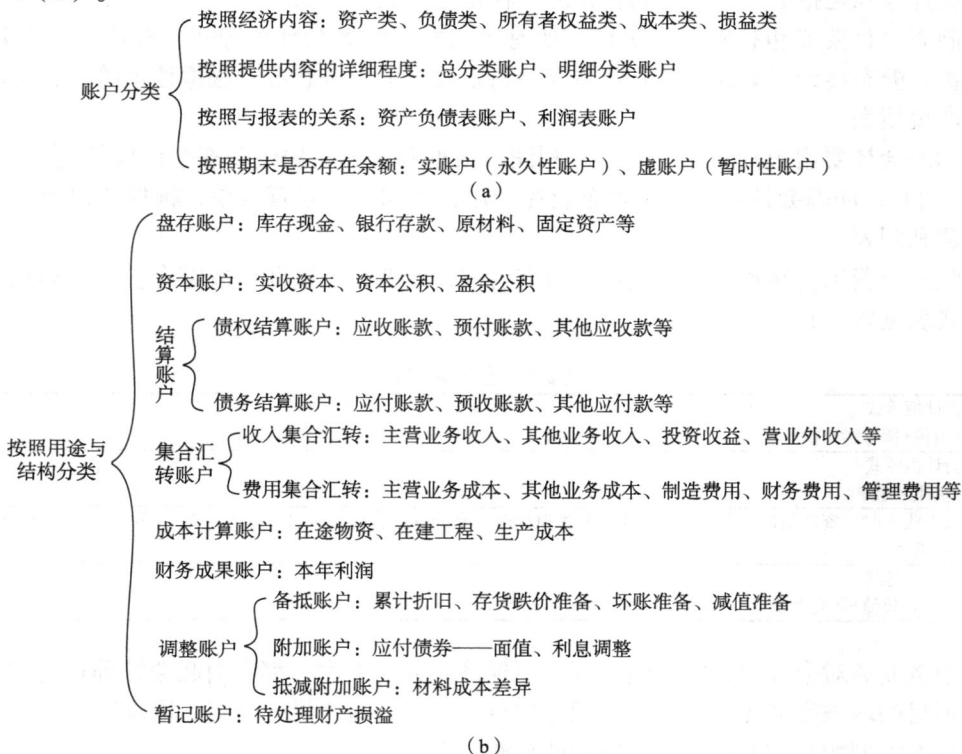

图 2-1　账户分类图

5. 借贷记账法

记账方法有单式记账法和复式记账法。

单式记账法对发生的经济业务一般只在某一个账户中登记，通常只登记货币资金收支、往来款项的结算内容，而不登记实物资产的收付内容，不能完整反映经济业务的全貌，不便于检查账户记录的正确性。

复式记账法就是对每项经济业务都要以相等的金额在两个或两个以上相互联系的账户中进行登记，借以全面反映资金运动的来龙去脉（变化的全过程）的一种科学的记账方法。复式记账法根据记账符号不同，主要有"增"与"减"——增减记账法；"收"与"付"——收付记账法；"借"与"贷"——借贷记账法。目前我国主要使用借贷记账法。

借贷记账法的记账规则：有借必有贷，借贷必相等。

任何一笔交易或事项的发生，都必然会同时导致至少两个账户发生变化；这些账户可能属于不同的会计要素，也可能属于同一个会计要素；所记入的账户可以是等式的同一方向，也可以是不同方向；所记入两个账户的金额，借方和贷方必须相等。

6. 根据借贷记账法规则进行试算平衡

试算平衡的公式如下所示：

全部账户的借方发生额合计=全部账户的贷方发生额合计

全部账户的借方期初余额合计=全部账户的贷方期初余额合计

全部账户的借方期末余额合计=全部账户的贷方期末余额合计

试算平衡能够检查部分错误，详见表 2-2，因此，如果试算不平衡，可以肯定账户的记录或者计算存在错误，应进一步查明原因，予以更正，直到实现平衡为止；如果试算平衡，漏记、重记、记账方向相反等错误则无法通过试算平衡来发现，因此依然可能存在记录错误，所以需要对所有的会计记录进行日常和定期的复核，以保证账户记录的正确性。

表 2-2　试算平衡检查错误表

试算平衡能够检查出来的错误	试算平衡不能检查出来的错误
会计分录中一方金额记错； 会计分录一方金额遗漏记载或重复记载； 过入账户的一方金额过错、一方方向过错； 会计分录中一方遗漏、重复记载过入账户； 会计账户借方或贷方合计数计算错误； 在会计账户借方和贷方两个合计数相减时计算错误	会计分录中借贷双方全部漏记； 会计分录中借贷两边全部重记； 记账方向颠倒； 用错会计账户

7. 编制会计分录

会计分录是经济业务在登记账户前预先确定应记账户名称、方向和金额的一种记录形式。在实际工作中，会计分录是填写在记账凭证上的。

编制会计分录基本步骤如下：①分析经济业务所涉及的会计要素；②确定登记账户；③分析金额的增减变化；④确定记账方向；⑤确定登记金额；⑥写出完整分录。

▶2.2　难点、疑点解析◀

1. 会计等式为何相等

企业进行生产经营活动，必须拥有或控制一定的资产，而资产均有其来源，为企业提供资金来源者对企业的资产具有求索权，会计上称其为权益。资产和权益反映了同一种经济资源的两个不同侧面，资产表明企业拥有的经济资源，权益则表示资产的来源，即资产由谁提供和归谁所有。从数量上两者必然相等，任何一个时点，企业的资产总额一定等于权益总额。因此，资产=权益。资产最初进入企业的渠道包括由债权人提供和由投资人提供。债权人和投资人共同享有企业资产，属于债权人的部分称为债权人权益，即负债，属于投资人的权益称为投资人权益，即所有者权益，因此，资产=负债+所有者权益。

企业经营活动中形成各种收入和费用，合理比较一定会计期间的收入和费用，可确定该期间的经营成果。收入大于费用的差额称为利润，收入小于费用时则为亏损。所以收入−费用=利润。

在经营活动中，收入会增加资产或者减少负债，费用会减少资产或者增加负债。因此，在会计期间内，结账之前，会计等式可以拓展为

资产=负债+所有者权益+（收入−费用）

资产=负债+所有者权益+利润或者亏损

在会计期末，利润（亏损）归入所有者权益之后，会计等式恢复为

资产=负债+所有者权益

因此，会计期间内，会计等式的平衡关系恒相等，综合反映企业财务状况与经营成果。

2. 如何理解"有借必有贷，借贷必相等"这一记账规则

任何一笔交易或事项的发生，都必然会同时导致至少两个账户发生变化，这些账户可能属于不同的会计要素，也可能属于同一个会计要素，所记入的账户可以是等式的同一方向，也可以是不同方向。但是所记入的一定是同时有借方和贷方的，并且所记入借方和贷方的金额必须相等。

3. 总分类账户和明细分类账户之间的联系与区别

总分类账和明细分类账是对同一经济业务的反映，只是反映的详细程度不同。

从数量上看，总分类账户"金额"的借方合计、贷方合计和余额应当与它所统驭的所有明细分类账户的借方合计之和、贷方合计之和和余额合计之和各自保持相等；总分类账户对明细分类账户起着控制的作用，而明细分类账户则是总分类账户的补充和具体化，起着辅助总分类账户的作用。

通过总分类账和明细分类账的平行登记，期末进行相互核对，可以及时发现错账，予以更正，以保证账簿记录的准确性。平行登记要求：记账的时期相同；记账的方向相同；记账的金额相等；记账的原始依据相同。

4. 如何理解账户对应关系与对应账户

账户对应关系是指复式记账时一笔经济业务所涉及的几个账户之间的相互依存关系。例如，收到投资者投资存入银行，"银行存款"与"实收资本"账户就建立起了对应关系。一项经济业务的会计分录账户之间的对应关系是固定的，不可随意变换。

对应账户是指存在着对应关系的账户。在上例中，"银行存款"与"实收资本"账户就互为对应账户。

5. 账户的登记规则

在借贷记账法中，借方和贷方分别用于记录某一会计科目的增加或减少，但究竟哪一方用于登记增加，哪一方用于登记减少，这与会计恒等式和会计信息的表述——会计报表的结构安排有关。在会计等式左边的，即在会计报表列报的左边的会计要素，其增加登记在账户左边即借方（如资产和费用类账户），减少登记在账户右边即贷方。反之，在会计等式右边的，其增加登记在账户的右边即贷方（如负债、所有者权益和收入类账户），减少登记在账户左边即借方。

6. 借和贷的含义

在现代意义上的借贷记账法中，"借"和"贷"作为记账符号，失去原来中文中的"借"和"贷"资金融通的意义，或者英文中"credit"（债权）和"debit"（债务）的意思。"借"和"贷"作为记账符号，写在会计科目的前面，表示其增加或减少的含义。资产和费用账户的借方表示增加，贷方表示减少。负债、所有者权益和收入类账户的借方表示减少，贷方表示增加。

7. 债权债务结算账户

结算账户是用来反映和监督企业与其他单位或个人之间的债权（应收款项或应付款项）、债务（应付款项或预收款项）结算情况的账户。

债权结算账户（资产结算）核算和监督企业与单位或个人之间的债权结算业务，属于资产类账户，因此，借方登记债权的增加数，贷方登记债权的减少数，期末余额一般在借方，表示期末尚未收回债权的实有数，如应收账款、预付账款、其他应收款等。

债务结算账户（负债结算）核算和监督企业与单位或个人之间的债务结算业务，属于负债类账户，因此，贷方登记债务的增加数，借方登记债务的减少数，期末余额一般在贷方，表示期末尚未偿还债务的实有数，如短期借款、应付账款、预收账款、其他应付款等。

债权债务结算账户既反映债权结算业务，又反映债务结算业务，是双重性质的结算账户。债权债务结算账户的借方登记的内容有两个，即本期债权的增加额和本期债务的减少额。债权债务结算账户的贷方登记的内容也有两个，即本期债务的增加额和本期债权的减少额。债权债务结算账户月末有借方余额，表示尚未收回的债权净额，也就是尚未收回的债权大于尚未偿付的债务的差额；如果有贷方余额，则表示尚未偿付的债务净额，也就是尚未偿付的债务大于尚未收回的债权的差额。

在实际工作中，根据企业与债权或者债务单位结算业务的特点，经常需要设置债权债务结算账户这种双重性质的账户，如果企业预收款项的业务不多，就可以不单设"预收账款"账户,而用"应收账款"账户,同时反映企业应收款项和预收款项的增减变动及其结果。此时,"应收账款"账户就是一个债权债务结算账户。如果企业预付款项的业务不多,也可以不单独设置"预付账款"账户,而是用"应付账款"账户同时反映企业应付款项和预付款项。

"预收账款"与"应收账款"属于往来账户,除此以外还有"预付账款"与"应付账款","其他应收款"与"其他应付款","其他应收款"与"其他应付款"合并设置"其他往来"账户。

这些结算性质账户的特点导致编制资产负债表中的应收账款、应付账款、预收账款、预付账款等项目时要根据有关明细账科目期末余额分析计算填列。请在后续第 6 章财务会计报告的学习中注意判断。

8. 为什么累计折旧是资产类项目,累计折旧的增加却登记在贷方

借贷记账法下,资产性质账户,资产的增加登记在借方,资产的减少登记在贷方。累计折旧属于资产的备抵账户(抵减账户),它是用来抵减被调整账户的余额的,备抵账户的余额一定与被调整账户的余额方向相反,如果被调整账户的余额在借方,那么抵减账户的余额就一定在贷方。公式如下:

$$被调整账户余额-调整账户余额=被调整账户实际余额$$

备抵账户按照被调整账户的性质,可分为资产备抵账户和权益备抵账户。

(1)资产备抵账户是用来抵减某一资产账户余额的。属于资产备抵账户的还有"存货跌价准备""坏账准备""长期股权投资减值准备""无形资产减值准备",它们分别是"存货""应收账款""长期股权投资""无形资产"账户的备抵账户。

因此,"累计折旧"是资产的备抵账户,累计折旧的增加反映的是其被调整账户"固定资产"的减少,因此登记在贷方。

(2)权益备抵账户是用来抵减权益账户的余额的。例如,利润分配是本年利润的备抵账户。本年利润属于权益类账户,增加登记在贷方,减少登记在借方。利润分配的借方余额反映的是本期已分配的利润数,是减少本年利润的。用本年利润账户的贷方余额减去利润分配的借方余额就是本期期末尚未分配的利润。

9. 应收/应付(其他应收/其他应付)账款/票据的区别

各类应收与应付款项之间存在一定的差异,应收账款、应收票据和预付账款是在商品交易中产生的债权,其他应收款是在非商品交易时产生的其他债权关系。相对应地,应付账款、应付票据和预收账款是在商品交易中产生的债务,其他应付款是在非商品交易中产生的其他债务关系。应收款项和应付款项见表 2-3 及表 2-4。

表 2-3 应收款项

交易类型	账户设置	信用类型	产生环节
商品交易	应收账款	挂账信用	销售环节
	应收票据	票据信用	
	预付账款	购买环节	

续表

交易类型	账户设置	信用类型	产生环节
非商品交易	其他应收款	一般情况下，用于购销环节以外的其他债权关系	

表 2-4　应付款项

交易类型	账户设置	信用类型	产生环节
商品交易	应付账款	挂账信用	购买环节
	应付票据	票据信用	
	预收账款	销售环节	
非商品交易	其他应付款	一般情况下，用于购销环节以外的其他债务关系	

10. 登记会计分录与会计账户的关系

会计分录是经济业务在登记账户前预先确定应记账户名称、方向和金额的一种记录形式。在实际工作中，会计分录是填写在记账凭证上的。登记会计账户就是将经济业务登记在会计账簿中。实务中，会计账簿是根据记账凭证登记的。因此，登记会计分录是登记账户记录的准备工作，其目的是保证账户记录的准确无误。

▶2.3　练 习 题◀

一、单选题

1. 下列经济业务发生，不会导致会计等式两边总额发生变化的是（　　）。
A. 收回应收账款并存入银行　　　　B. 从银行取得借款并存入银行
C. 以银行存款偿还应付账款　　　　D. 收到投资者以无形资产进行的投资

2. 下列引起资产和负债同时增加的经济业务是（　　）。
A. 以银行存款偿还银行借款　　　　B. 收回应收账款并存入银行
C. 购进材料一批货款未付　　　　　D. 以银行借款偿还应付账款

3. 企业的会计科目必须反映（　　）的特点。
A. 会计对象　　B. 会计职能　　C. 会计本质　　D. 会计定义

4. 账户分为借贷两方，哪一方记增加，哪一方记减少，是根据（　　）决定的。
A. 采用哪种记账方式
B. 账户所反映的经济内容即账户的性质
C. 借方登记增加数，贷方登记减少数
D. 贷方登记增加数，借方登记减少数

5. 收入类账户期末结账后，应是（　　）。
A. 贷方余额　　B. 借方余额　　C. 没有余额　　D. 借方或贷方余额

6. "应收账款"账户初期余额为 5 000 元，本期借方发生额为 6 000 元，贷方发生额为 4 000 元，则期末余额为（　　）。

　　A. 借方 5 000 元　　　　　　　　B. 贷方 3 000 元

　　C. 借方 7 000 元　　　　　　　　D. 贷方 2 000 元

7. 在账户中，用"借方"和"贷方"登记资产、负债、所有者权益的增减数额，按照账户结构，概括地说是（　　）。

　　A. "借方"登记资产的增加，以及负债、所有者权益的减少；"贷方"反之

　　B. "借方"登记资产、负债、所有者权益的增加；"贷方"反之

　　C. "借方"登记资产、负债、所有者权益的减少；"贷方"反之

　　D. "借方"登记资产的减少，以及负债、所有者权益的增加；"贷方"反之

8. 下列各账户中，期末可能有余额在借方的是（　　）。

　　A. 管理费用　　　B. 生产成本　　　C. 销售费用　　　D. 财务费用

9. （　　）账户"借方"表示减少。

　　A. 资产类　　　　B. 成本类　　　　C. 费用类　　　　D. 收入类

10. 假如企业某资产账户期初余额为 5 600 元，期末余额为 5 700 元，本期贷方发生额为 800 元，则本期借方发生额为（　　）。

　　A. 900 元　　　　B. 10 500 元　　　C. 700 元　　　　D. 12 100 元

11. 假如企业某所有者权益账户本期贷方发生额为 1 200 万元，本期借方发生额为 1 500 万元，期末余额为 1 300 万元，则期初余额为（　　）万元。

　　A. 4 000　　　　B. 1 600　　　　C. 1 200　　　　D. 1 000

12. 下列方法不属于复式记账法的是（　　）。

　　A. 平行登记法　　　　　　　　　B. 增减记账法

　　C. 借贷记账法　　　　　　　　　D. 收付记账法

13. 某项经济业务发生后，必须记入有关账户。下列说法不正确的是（　　）。

　　A. 分别记入一个账户的借方和另一个账户的贷方

　　B. 分别记入几个账户的借方和另一个账户的贷方

　　C. 分别记入一个账户的借方和另几个账户的贷方

　　D. 分别记入几个账户的借方

14. 下列记账错误可以通过试算平衡发现的是（　　）。

　　A. 漏记经济业务　　　　　　　　B. 借贷金额不等

　　C. 重记经济业务　　　　　　　　D. 借贷方向颠倒

15. 若会计分录为借记银行存款，贷记短期借款，则其反映的经济业务内容是（　　）。

　　A. 以银行存款偿还短期借款　　　B. 收到某企业前欠货款

　　C. 取得短期借款存入银行　　　　D. 收到银行投入的货币资金

16. "销售产品，货款未收"这项经济业务所涉及的一个账户是"应收账款"，其对应账户为（　　）。

　　A. 产成品　　　　　　　　　　　B. 主营业务收入

C. 主营业务成本 D. 其他业务收入

17. 总分类账户对明细分类账户起着（ ）作用。

A. 统驭和控制 B. 补充和说明

C. 指导 D. 辅助

18. 账户余额一般与（ ）在同一方向。

A. 增加额 B. 减少额 C. 借方发生额 D. 贷方发生额

19. 复式记账的理论依据是（ ）。

A. 借方发生额=贷方发生额

B. 资产=负债+所有者权益

C. 收入−费用=利润

D. 期初余额+本期增加发生额=期末余额+本期减少发生额

20. 借贷记账法，试算平衡公式中，不正确的是（ ）。

A. 全部账户本期借方发生额合计=全部账户本期贷方发生额合计

B. 全部账户借方期初余额合计=全部账户贷方期初余额合计

C. 全部账户借方期末余额合计=全部账户贷方期末余额合计

D. 期初借方余额+本期借方发生额−本期贷方发生额=期末借方发生额

二、多选题

1. 下列项目中，属于会计科目的有（ ）。

A. 固定资产 B. 运输设备 C. 原材料 D. 未完工产品

E. 累计折旧

2. 设置会计科目应遵循的原则有（ ）。

A. 必须符合单位内部经营管理的需要

B. 必须结合会计对象的特点

C. 要做到统一性与灵活性相结合

D. 要保持相对稳定

E. 要保持周延性和互斥性

3. 账户一般包括（ ）。

A. 账户名称 B. 日期与摘要

C. 凭证号数 D. 金额

E. 会计分录

4. 在正常情况下，下述各类账户有期末余额的是（ ）。

A. 收入类账户 B. 资产类账户

C. 费用类账户 D. 负债类账户

E. 所有者权益类账户

5. 账户中各项金额的关系可用（ ）表示。

A. 本期期末余额=期初余额+本期增加发生额−本期减少发生额

B. 本期期末余额+本期减少发生额=期初余额+本期增加发生额

C. 本期期末余额=本期增加发生额+本期减少发生额

D. 本期期末余额=本期期初余额

E. 增加额=减少额

6. 下列（　　）业务应记入账户的借方。

A. 资产的增加　　　　　　　　　B. 收入、经营成果的增加

C. 费用、成本的增加　　　　　　D. 所有者权益的增加

E. 负债的减少

7. 下列账户属于费用要素的有（　　）。

A. 财务费用　　　B. 管理费用　　　C. 生产成本　　　D. 制造费用

E. 其他业务成本

8. 借贷记账法的基本内容包括（　　）。

A. 记账符号　　　B. 账户设置　　　C. 记账规则　　　D. 试算平衡

E. 记账依据

9. 每笔会计分录都包括（　　）。

A. 会计科目　　　B. 记账方向　　　C. 记账金额　　　D. 核算方法

E. 原始凭证

10. 经济业务的发生会引起资产和收入增减变动的情况有（　　）。

A. 资产增加，收入减少　　　　　B. 资产减少，收入增加

C. 资产和收入同时增加　　　　　D. 资产和收入同时减少

E. 收入增加，资产不变

11. 下列错误中不能通过试算平衡发现的有（　　）。

A. 某项经济业务重复入账

B. 应借应贷的账户中借贷方向颠倒

C. 借贷双方同时多记了相等的金额

D. 借贷金额不等

E. 某经济业务未入账

12. 属于资产要素内部项目增减变化的是（　　）。

A. 收到某单位还来的欠款 8 000 元

B. 以存款 20 000 元购买设备一台

C. 向银行借入短期借款 100 000 元

D. 从银行提取现金 6 000 元

E. 收到某投资者投入的银行存款 150 000 元

13. 属于资产与所有者权益同时增加的经济业务是（　　）。

A. 向某企业投资汽车一辆，价值 20 万元

B. 接受某企业投入的货币资金 100 万元

C. 接受国家投资现金 1 000 万元

D. 向银行借款 8 万元直接偿还欠款

E. 接受外商捐赠设备一台，价值 60 万元

14. 关于"资产=负债+所有者权益"的会计等式，下列提法正确的是（　　）。

A. 它反映了会计静态要素之间的基本数量关系

B. 它反映了会计静态要素与会计动态要素的相互关系

C. 资产和权益的对应是逐项的一一对应

D. 资产和权益的对应是综合的对应

15. 下列各项以会计恒等式为理论依据的有（　　）。

A. 复式记账　　　B. 成本计算　　　C. 编制资产负债表　　　D. 试算平衡

E. 编制现金流量表

三、判断题

1. 会计科目是会计账户的名称。（　　）

2. 在会计核算中，会计科目往往也就是指账户，因为会计科目是根据账户设置的。（　　）

3. 为了保证会计核算指标在同一部门，乃至全国范围内进行综合汇总，所有会计科目及其核算内容都应由国家统一规定。（　　）

4. 账户的借方反映资产和负债及所有者权益的增加，贷方反映资产和负债及所有者权益的减少。（　　）

5. 在所有的账户中，左边均登记增加额，右方均登记减少额。（　　）

6. 费用类账户一般没有余额，如有应在借方。（　　）

7. 单式记账法就是只在一个账户中记录经济业务，复式记账法是在两个有关联的账户中记录经济业务。（　　）

8. "有借必有贷，借贷必相等"是复式记账法的记账规则。（　　）

9. 复合分录是为了简化核算手续而将几笔业务并在一起编制的会计分录，因此，难免会出现多借多贷的会计分录。（　　）

10. 在借贷记账法中，只要余额相等且发生额相等，则说明账户记录不会发生差错。（　　）

四、综合题

1. A 公司 20×2 有下列资料。

账户名称	期初余额/元	本期借方发生额/元	本期贷方发生额/元	期末余额/元
银行存款	85 000	50 000	91 000	
应收账款		52 300	43 000	17 000
短期借款	50 000		25 000	45 000
实收资本	150 000		0	150 000
固定资产	68 000	5 400		57 500
应付账款	2 000		1 500	2 100

根据各类账户的结构关系，计算并填写上列表格的空格。

2. B 公司 20×2 年 6 月的资产总额为 855 000 元。该公司 20×2 年 7 月发生如下经济业务：

①从银行提取库存现金 90 000 元，准备支付工人工资；

②收到投资者投入资本 210 000 元，存入银行；

③以银行存款 30 000 元，支付前欠甲工厂的购料款；

④从银行取得短期借款 30 000 元，款存银行；

⑤向乙公司购买原材料 20 000 元，货款尚未支付；

⑥采购员张三出差，预支差旅费 3 000 元，以库存现金支付；

⑦生产丙产品领用原材料 8 000 元；

⑧收回丁企业前欠的销货款 35 000 元，存入银行。

（1）分析每笔经济业务所引起的资产和权益有关项目增减变动情况，指出属于何种类型的经济业务。

（2）计算资产和权益增减净额，验证两者是否相等。

（3）计算 B 公司 20×2 年 7 月发生上述经济业务以后的资产和权益总额，验证两者是否相等。

3. C 工厂 20×2 年 7 月库存商品账户借方余额为 45 000 元，短期借款账户贷方余额为 60 000 元。

该工厂 20×2 年 8 月两个账户发生如下经济业务：

库存商品账户（单位：元）：

1 日完工入库　　20 000　　　10 日销售　　　15 000

15 日完工入库　　15 000　　　28 日销售　　　12 000

短期借款账户（单位：元）：

5 日还借款　　　20 000　　　10 日借入　　　20 000

20 日还借款　　　3 500　　　26 日借入　　　30 000

根据资料，设置库存商品和短期借款两个账户，登记 8 月期初余额，将 8 月发生的经济业务分别记入账户，并结算两个账户本期借、贷方发生额和期末余额。

4. D 工厂 20×2 年 6 月 30 日部分总分类账户和明细分类账户余额如下：

原材料：110 000 元，其中，甲材料 40 吨，每吨 1 000 元，计 40 000 元；乙材料 2 000 件，每件 30 元，计 60 000 元；丙材料 2 500 千克，每千克 4 元，计 10 000 元。

应付账款：10 000 元，其中，A 工厂 4 000 元；B 公司 6 000 元。

银行存款：100 000 元。

该工厂 7 月发生以下经济业务：

①7 月 3 日，购进甲材料 5 吨，每吨 100 元，材料已经验收入库，货款以银行存款支付。

②7 月 5 日，从 A 工厂购进甲材料 3 吨，每吨 100 元，材料已经验收入库，货款尚未支付。

③7 月 8 日，以银行存款偿还前欠 B 公司的货款 5 000 元。

④7 月 12 日，购进下列材料一批，已经验收入库，货款尚未支付。

从 C 公司购进：乙材料 500 件，每件 30 元，丙材料 500 千克，每千克 4 元。

从 B 公司购进：乙材料 150 件，每件 30 元，丙材料 350 千克，每千克 4 元。

⑤7 月 13 日，生产丁产品领用甲材料 25 吨，每吨 100 元。

⑥7 月 24 日，以银行存款偿还前欠供应单位的购料款，其中：

A 工厂 4 000 元　　　　B 公司 4 000 元　　　　C 公司 5 000 元

⑦7 月 26 日，生产丁产品领用乙材料 2 600 件，每件 30 元，丙材料 2 000 千克，每千克 4 元。

（1）根据资料开设有关总账和"原材料""应付账款"明细账。

（2）根据资料编制会计分录（列出明细账），不考虑增值税问题。

（3）根据会计分录登记有关总账和明细账。

（4）将总账和所属明细账登记的结果进行核对。

5. E 工厂 20×2 年 8 月 31 日有关账户的期初余额如下：

固定资产：120 000

实收资本：162 700 元　　　　原材料：20 000 元

累计折旧：20 000 元　　　　银行存款：50 000 元

短期借款：15 000 元　　　　现金：300 元

应收账款：100 000 元　　　　应付账款：90 000 元

其他应收款：400 元　　　　应交税费：3 000 元

该工厂 20×2 年 9 月发生下列经济业务：

9 月 4 日，以现金 2 000 元支付采购员李山的差旅费。

9 月 5 日，从银行提取现金 3 000 元备用。

9 月 7 日，收到购买单位甲前欠的购货款 55 000 元，存入银行。

9 月 7 日，以银行存款支付上月欠供应单位 A 的材料款及代垫运费 4 500 元。

9 月 8 日，生产车间领用材料 15 000 元，直接用于产品生产。

9 月 18 日，收到国家投入的机床一台，价值 40 000 元。

9 月 22 日，以银行存款 3 000 元上交上月欠交税金。

9 月 27 日，以银行存款支付到期短期借款 10 000 元。

9 月 28 日，开出现金支票一张，面额 800 元，支付厂长外出差旅费。

运用借贷记账法编制会计分录并按借贷记账法的"发生额和余额"平衡方法检查账户记录的正确性。

▶2.4　参　考　答　案◀

一、单选题

（1~5）　A　C　A　B　C

（6~10） C　A　B　D　A
（11~15） B　A　D　B　C
（16~20） B　A　A　B　D

二、多选题

1. ACE　　　2. ABCDE　　　3. ABCD　　4. BDE　　5. AB
6. ACE　　　7. ABE　　　　8. ABCDE　　9. ABC　　10. CD
11. ABCE　　12. ABD　　　 13. BC　　　14. AD　　 15. ACD

三、判断题

1. √　　　2. ×　　　3. ×　　　4. ×　　　5. ×
6. ×　　　7. ×　　　8. √　　　9. ×　　　10. ×

四、综合题

1.

账户名称	期初余额/元	本期借方发生额/元	本期贷方发生额/元	期末余额/元
银行存款	85 000	50 000	91 000	44 000
应收账款	7 700	52 300	43 000	17 000
短期借款	50 000	30 000	25 000	45 000
实收资本	150 000	0	0	150 000
固定资产	68 000	5 400	15 900	57 500
应付账款	2 000	1 400	1 500	2 100

2.（1）①银行存款减少，库存现金增加（资产项目内部一增一减）。
②银行存款增加，实收资本增加（资产项目和所有者权益项目同时增加）。
③银行存款减少，应付账款减少（资产项目和负债权益项目同时减少）。
④银行存款增加，短期借款增加（资产项目和负债权益项目同时增加）。
⑤原材料或材料采购增加，应付账款增加（资产项目和负债权益项目同时增加）。
⑥库存现金减少，其他应收款增加（资产项目内部一增一减）。
⑦原材料减少，生产成本增加（资产项目内部一增一减）。
⑧银行存款增加，应收账款减少（资产项目内部一增一减）。
（2）资产的变化金额为

210 000−30 000+30 000+20 000=230 000（元）

权益的变化金额为

210 000−30 000+30 000+20 000=230 000（元）

两者的变化金额相等。

（3）资产总额为

$$885\,000+230\,000=1\,115\,000（元）$$

权益总额为

$$885\,000+230\,000=1\,115\,000（元）$$

两者金额相等。

3. 账户名称：**库存商品**

20×2年		凭证号数	摘要	借方	贷方	借或贷	余额
月	日						
8	1	略	期初余额			借	45 000
	1		完工入库	20 000		借	65 000
	10		销售		15 000	借	50 000
	15		完工入库	15 000		借	65 000
	28		销售		12 000	借	53 000
	31		本期发生额和余额	35 000	27 000	借	53 000

账户名称：**短期借款**

20×2年		凭证号数	摘要	借方	贷方	借或贷	余额
月	日						
8	1	略	期初余额			贷	60 000
	5		归还	20 000		贷	40 000
	10		借入		20 000	贷	60 000
	20		归还	3 500		贷	56 500
	26		借入		30 000	贷	86 500
	31		本期发生额和余额	23 500	50 000	贷	86 500

4. 根据资料编制会计分录（列出明细科目）。明细账的登记答案略。

7月3日
借：原材料——甲材料　　　　　　　　　　　　　　500
　　贷：银行存款　　　　　　　　　　　　　　　　　　500
7月5日
借：原材料——甲材料　　　　　　　　　　　　　　300
　　贷：应付账款——A工厂　　　　　　　　　　　　　300
7月8日
借：应付账款——B公司　　　　　　　　　　　　　5 000
　　贷：银行存款　　　　　　　　　　　　　　　　　5 000

7 月 12 日

借：原材料——乙材料　　　　　　　　　　　　　　　　　　19 500

　　　　——丙材料　　　　　　　　　　　　　　　　　　3 400

　　贷：应付账款——C 公司　　　　　　　　　　　　　　　　　　17 000

　　　　　　——B 公司　　　　　　　　　　　　　　　　　　5 900

7 月 13 日

借：生产成本——丁产品　　　　　　　　　　　　　　　　　　2 500

　　贷：原材料——甲材料　　　　　　　　　　　　　　　　　　2 500

7 月 24 日

借：应付账款——A 工厂　　　　　　　　　　　　　　　　　　4 000

　　　　——B 公司　　　　　　　　　　　　　　　　　　4 000

　　　　——C 公司　　　　　　　　　　　　　　　　　　5 000

　　贷：银行存款　　　　　　　　　　　　　　　　　　13 000

7 月 26 日

借：生产成本——丁产品　　　　　　　　　　　　　　　　　　86 000

　　贷：原材料——乙材料　　　　　　　　　　　　　　　　　　78 000

　　　　——丙材料　　　　　　　　　　　　　　　　　　8 000

5.9 月 4 日

借：其他应收款——李山　　　　　　　　　　　　　　　　　　2 000

　　贷：库存现金　　　　　　　　　　　　　　　　　　2 000

9 月 5 日

借：库存现金　　　　　　　　　　　　　　　　　　3 000

　　贷：银行存款　　　　　　　　　　　　　　　　　　3 000

9 月 7 日

借：银行存款　　　　　　　　　　　　　　　　　　55 000

　　贷：应收账款——甲单位　　　　　　　　　　　　　　　　　　55 000

9 月 7 日

借：应付账款——A 单位　　　　　　　　　　　　　　　　　　4 500

　　贷：银行存款　　　　　　　　　　　　　　　　　　4 500

9 月 8 日

借：生产成本　　　　　　　　　　　　　　　　　　15 000

　　贷：原材料　　　　　　　　　　　　　　　　　　15 000

9 月 18 日

借：固定资产　　　　　　　　　　　　　　　　　　40 000

　　贷：实收资本　　　　　　　　　　　　　　　　　　40 000

9 月 22 日

借：应交税费　　　　　　　　　　　　　　　　　　3 000

　　贷：银行存款　　　　　　　　　　　　　　　　　　3 000

9 月 27 日
借：短期借款　　　　　　　　　　　　　　　　　　　　　　10 000
　　贷：银行存款　　　　　　　　　　　　　　　　　　　　　　10 000
9 月 28 日
借：管理费用　　　　　　　　　　　　　　　　　　　　　　800
　　贷：银行存款　　　　　　　　　　　　　　　　　　　　　　800

▶2.5　思考讨论题◀

近年，在信息技术和区块链发展的前提下，分布式账本开始兴起。分布式账本是一种在网络成员间共享、复制和同步的数据库，账本中记录网络参与者之间的交易（包括资产、数据等的交换），网络中的指定参与者根据共识原则来制约和协商对账本中的记录。分布式账本有降低成本、提升效率、优化诚信环境等优势。

◎ 请收集相关信息，了解分布式账本的优缺点及运用，以及其对会计发展的影响。

第 3 章 制造业企业经济活动的会计核算

📖 内容框架

筹资活动的核算；固定资产投资的核算；交易性金融资产的核算；供应过程、生产过程、销售过程、财务成果的核算

▶3.1 学 习 指 导◀

1. 制造业企业的经济活动

制造业企业的经营性经济业务比较全面（如费用的归集与分配、成本的计算与结转、营业收入的确认与计量、利润的确定与分配等），服务性和流通性企业则相对较简单。因此本书选择制造业企业的经济活动进行会计核算。

制造业企业的经济活动包括筹资活动、投资活动和经营活动，见图 3-1。

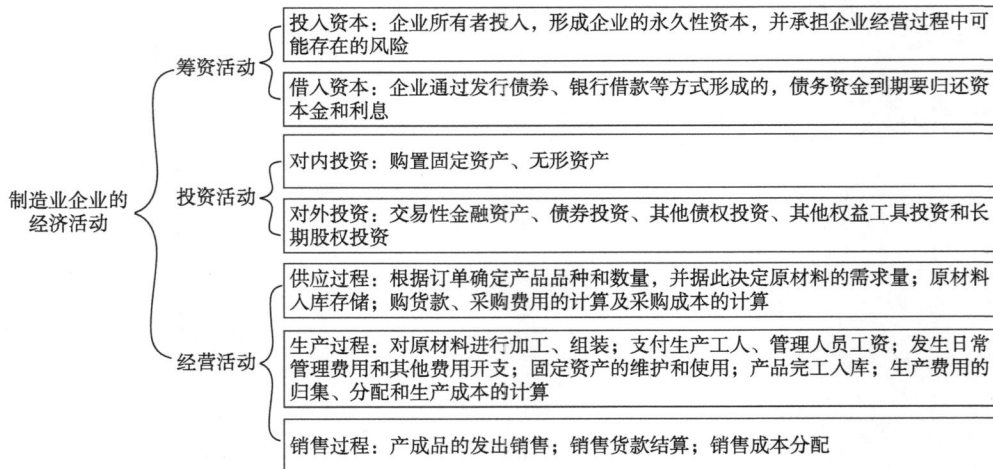

```
                        ┌─ 投入资本：企业所有者投入，形成企业的永久性资本，并承担企业经营过程中可
                  筹资活动 ┤             能存在的风险
                        └─ 借入资本：企业通过发行债券、银行借款等方式形成的，债务资金到期要归还资
                                      本金和利息

                        ┌─ 对内投资：购置固定资产、无形资产
制造业企业的     投资活动 ┤
经济活动                  └─ 对外投资：交易性金融资产、债券投资、其他债权投资、其他权益工具投资和长
                                      期股权投资

                        ┌─ 供应过程：根据订单确定产品品种和数量，并据此决定原材料的需求量；原材料
                        │             入库存储；购货款、采购费用的计算及采购成本的计算
                        │
                  经营活动 ┤  生产过程：对原材料进行加工、组装；支付生产工人、管理人员工资；发生日常
                        │             管理费用和其他费用开支；固定资产的维护和使用；产品完工入库；生产费用的
                        │             归集、分配和生产成本的计算
                        │
                        └─ 销售过程：产成品的发出销售；销售货款结算；销售成本分配
```

图 3-1 制造业企业的经济活动

2. 筹资活动的核算

筹资活动是指导致企业资本和债务规模及构成发生变化的活动，包括吸收投资、发行股票、分配利润、借款等。筹资活动复杂多样，按照投资主体的不同，企业筹集资金的渠道分为所有者投入资本和向债权人借入资本两大类。具体的会计核算见表 3-1 及表 3-2。

表 3-1 所有者投入资本的会计核算

所有者投入资本的会计核算
借：银行存款
固定资产、无形资产、原材料（非货币性资产按照投资合同或协议约定的价值确定入账价值）
应交税费——应交增值税（进项税额）
贷：实收资本
资本公积（企业增资时，所有者缴纳的出资额大于按照约定比例计算的在注册资本中所占的份额部分）

表 3-2 向债权人借入资本的会计核算

向债权人借入资本的会计核算
借入借款
借：银行存款
贷：短期借款、长期借款、应付债券
计提借款利息
借：财务费用
贷：应付利息
长期借款——应计利息
应付债券——应计利息
支付前期已计提的借款利息
借：应付利息
贷：银行存款
偿还借款
借：短期借款、长期借款、应付债务
贷：银行存款

3. 投资活动的核算

投资活动是企业长期资产的购建、对外投资及其处置活动，包括实物投资，也包括金融资产投资，但不包括自购买日起 3 个月内到期的债券（属于现金等价物）。投资活动可以分为对内投资和对外投资：①对内投资，包括购建固定资产、无形资产等；②对外投资，包括交易性金融资产、债权投资、其他债券投资、其他权益工具投资和长期股权投资。在"会计学原理"课程中，对于企业对内投资业务，我们主要以固定资产为例进行学习，对于企业对外投资业务，我们主要以交易性金融资产为例进行学习。企业对内及对外投资的会计核算见表 3-3 和表 3-4。

表 3-3 对内投资固定资产的核算

固定资产的核算
购买固定资产、无形资产
借：在建工程（购入须安装或自行建造的固定资产的成本）
固定资产（购入无须安装的固定资产）
应交税费——应交增值税（进项税额）
贷：银行存款
应付账款

在建工程验收完工 借：固定资产 　　贷：在建工程
固定资产计提累计折旧 借：制造费用 　　管理费用 　　销售费用 　　贷：累计折旧
固定资产计提减值准备 借：资产减值损失 　　贷：固定资产减值准备
固定资产清理 借：固定资产清理 　　累计折旧 　　固定资产减值准备 　　贷：固定资产
支付相关费用和计算应缴纳的税金 借：固定资产清理 　　贷：银行存款 　　　　应交税费
收到出售固定资产的收入 借：银行存款 　　贷：固定资产清理
结转固定资产处置净收益 借：固定资产清理 　　贷：资产处置损益 结转固定资产处置净损失 借：资产处置损益 　　贷：固定资产清理 固定资产报废毁损 借：营业外支出 　　贷：固定资产清理

表 3-4　对外投资交易性金融资产的核算

购入交易性金融资产 借：交易性金融资产 　　投资收益（支付的各种手续费） 　　应收股利（已宣告但尚未发放） 　　贷：银行存款
收到购买时已宣告尚未发放的股利 借：银行存款 　　贷：应收股利
交易性金融资产的期末计量 公允价值高于账面余额 借：交易性金融资产——公允价值变动 　　贷：公允价值变动损益 公允价值低于账面余额 借：公允价值变动损益 　　贷：交易性金融资产——公允价值变动

交易性金融资产的处置
借：银行存款（实际出售价格）
　　贷：交易性金融资产——成本
　　　　　　　　　　　　——公允价值变动
　　　　投资收益（出售价格与交易性金融资产账面价值的差额，也可能是借方差额）
借：公允价值变动损益
　　贷：投资收益

4. 供应过程的核算

供应过程又称为采购过程，指的是从采购物资开始，直到物资验收入库的全过程。在供应过程中要进行物资货款的结算、采购费用的支付、物资的验收入库、物资采购成本的计算等会计核算。详见表 3-5。

表 3-5　供应过程的核算

购买原材料
借：在途物资
　　材料采购（计划成本核算）
　　应交税费——应交增值税（进项税额）
　　贷：银行存款（采购货款已付）
　　　　应付账款（采购货款未付）
　　　　应付票据（采用商业票据结算）

材料验收入库
借：原材料（计划成本）
　　材料成本差异（超支差）
　　贷：在途物资
　　　　材料采购
　　　　材料成本差异（节约差）

以银行存款支付前欠采购货款
借：应付账款
　　应付票据
　　贷：银行存款

5. 生产过程的核算

企业生产部门要根据生产计划，从仓库领用原材料，并加工和制造产品。在生产过程中，要发生各种耗费，包括支付给职工的工资及计提福利费、固定资产的折旧费等。因此，在生产过程需要核算生产费用的发生、归集与分配并核算完工产品的生产成本（制造成本）。详见表 3-6。

表 3-6　生产过程的核算

领用原材料
借：生产成本
　　制造费用
　　管理费用
　　销售费用
　　贷：原材料

续表

计提应付职工薪酬 借：生产成本 　　制造费用 　　管理费用 　　销售费用 　　　贷：应付职工薪酬
支付职工薪酬 借：应付职工薪酬 　　　贷：银行存款
制造费用的分配与结转 借：生产成本 　　　贷：制造费用
产品验收入库 借：库存商品 　　　贷：生产成本

6. 销售过程的核算

销售过程中，制造业企业从事对外销售产品或者提供劳务等主营业务，按照购销双方约定的价格向购货单位办理价款结算，并确认主营业务收入，同时交付相应的产品或劳务，结转相关产品或劳务的成本；企业在取得主营业务收入时，应按照税法相关规定计算并结转消费税、资源税、城市维护建设税、教育费附加等各种税金及附加。企业还可能有除销售产品以外的其他销售业务，如销售原材料、出售包装物、出租固定资产和无形资产等。因此需要进行其他业务收入和其他业务成本的核算。此外，在销售过程中还会发生运输费、包装费、广告费等销售费用。销售过程的核算详见表 3-7。

表 3-7　销售过程的核算

确认销售收入 借：银行存款 　　应收账款 　　应收票据 　　　贷：主营业务收入 　　　　　应交税费——应交增值税（销项税额）
结转销售成本 借：主营业务成本 　　　贷：库存商品
收到销售货款 借：银行存款 　　　贷：应收账款
销售原材料 借：银行存款 　　应收账款 　　　贷：其他业务收入 　　　　　应交税费——应交增值税（销项税额）
结转其他业务成本 借：其他业务成本 　　　贷：原材料

续表

出租固定资产、无形资产收入 借：银行存款 　　应收账款 　　贷：其他业务收入 　　　　应交税费——应交增值税（销项） 结转其他业务成本 借：其他业务成本 　　贷：累计折旧 　　　　累计摊销

7. 财务成果的核算

财务成果即企业的利润，是企业在一定期间的经营成果，包括收入减去费用后的净额，也包括直接计入当期利润的利得和损失等。利得是指企业在非日常活动中形成的、会导致所有者权益增加的、与所有者投入资本无关的经济利益的总流入。费用是指企业在非日常活动中发生的、会导致所有者权益减少、与向所有者分配利润无关的经济利益的总流出。利润是反映企业生产经营的经济效益的综合指标，也是进行财务预测、投资决策等的重要手段。按照形成原因不同将利润划分为不同的部分，有利于对利润进行分析和预测。企业利润主要由营业利润和营业外收支两部分组成。公式如下：

营业收入=主营业务收入+其他业务收入

营业成本=主营业务成本+其他业务成本

期间费用=销售费用+管理费用+研发费用+财务费用

营业利润=营业收入-营业成本-税金及附加-期间费用-资产减值损失
　　　　　-信用减值损失+其他收益+投资收益+公允价值变动损益+资产处置损益

总利润=营业利润+营业外收入-营业外支出

净利润=总利润-所得税费用

财务成果的核算见表 3-8。

表 3-8　财务成果的核算

结转收入类账户 借：主营业务收入 　　其他业务收入 　　公允价值变动收益 　　投资收益 　　资产处置损益 　　营业外收入 　　贷：本年利润 结转费用类账户 借：本年利润 　　贷：主营业务成本 　　　　其他业务成本 　　　　税金及附加 　　　　销售费用 　　　　管理费用 　　　　财务费用 　　　　资产减值损失 　　　　信用减值损失

续表

| 公允价值变动损益 |
| 投资损失 |
| 资产处置损益 |
| 营业外支出 |

计算应交所得税
借：所得税费用
　　贷：应交税费——应交所得税

结转所得税费用
借：本年利润
　　贷：所得税费用

提取盈余公积
借：利润分配——提取盈余公积
　　贷：盈余公积

向投资者分配利润
借：利润分配——应付现金股利或利润
　　贷：应付股利

以银行存款支付现金股利或利润
借：应付股利
　　贷：银行存款

结转全年净利润
借：本年利润
　　贷：未分配利润

结转全年已分配利润
借：利润分配——未分配利润
　　贷：利润分配——提取盈余公积
　　　　　　　　——应付现金股利或利润

8. 收入的确认

新收入准则下，收入确认的核心原则是，在客户取得相关商品或服务的控制权时确认收入。控制权是指能够主导该商品的使用并从中获得几乎全部的经济利益。新收入准则规定了收入确认的五步法，如下所示。

第一步：识别与客户订立的合同。第一，合同各方已签字盖章批准该合同并承诺将履行各自的义务；第二，明确合同各方与所转让商品或提供劳务相关的权利和义务；第三，合同有明确的与所转让商品相关的付款条款；第四，合同具有商业实质，即履行该合同将改变企业未来现金流量的风险、时间分布或金额；第五，企业因向客户转让商品而有权取得的合同对价很可能收回。同时满足上述五个条件，在取得商品控制权时，确认收入。

第二步：识别合同中的单项履约义务。合同开始日，评估合同条款，识别履约义务，实质相同、转让模式相同、可明确区分的商品承诺，作为单项履约义务。

第三步：确定交易价格。

第四步：交易价格分摊至各单项履约义务。

第五步：根据各单项履约义务的履行确认收入。

▶3.2　难点、疑点解析◀

1. 会计对各种税收的处理办法

依法纳税是企业的基本责任与义务。企业在一定时期内取得的营业收入和实现的利润，要按照规定向国家缴纳各种税费，这些应交的税费，应按照权责发生制的原则预提计入有关科目。这些应交的税费在尚未缴纳之前暂时停留在企业，形成一项负债。企业需要缴纳的主要税收是增值税、企业所得税、房产税、关税、车船税、教育费附加、印花税等。

这些税收的会计处理方法主要有以下四大类。

第一，流转税，如增值税，国家对流转过程中实现的增值部分进行征税，采用抵扣法，增值税的销项税额减去增值税进项税额的差额进行缴纳，因此增值税的实际承担者是消费者，企业只是代为缴纳，不影响企业的经营成本和费用。

第二，直接作为成本，如进口商品的关税，可以直接计入进口材料、机器、设备的成本。

第三，作为税金及附加从当期营业收入中扣除，如消费税、房产税、印花税、车船税、教育费附加等可以计入税金及附加，从当期营业收入中抵减。

第四，从最终所得中扣除。所得税是对企业所得开征的一种税，企业盈利需要缴纳所得税，如果亏损则不用。

2. 资产、成本、费用之间的关系

消耗的资产有明确受益对象的，就形成成本，没有明确归属对象，与会计期间相关的，就形成了费用。

例如，生产领用原材料，原材料资产的消耗是为了生产产品，因此形成生产成本；销售产品，库存商品资产的消耗是为了获得主营业务收入，因此形成主营业务成本；用银行存款支付借款利息，银行存款资产的消耗没有明确归属对象，在借款产生后借款利息与会计期间相关，因此应计入财务费用。

3. 制造费用与管理费用之间的区别

制造费用是指除了直接材料、直接人工以外的与生产有关的各种间接费用，用于归集和分配企业在生产过程中发生的各项间接费用。例如，车间管理人员工资福利费、生产用固定资产折旧、修理费、车间水电费、燃料和动力费、消耗性材料费用等。制造费用是成本类科目，期末按照一定标准分配计入产品成本。

管理费用是指企业行政部门为组织和管理生产经营活动而发生的各种费用，包括：工会经费、职工教育经费、业务招待费、印花税等相关税金、技术转让费、无形资产摊销、咨询费、诉讼费、开办费摊销、公司经费、聘请中介机构费、矿产资源补偿费、研究开发费、劳动保险费、待业保险费、董事会会费及其他管理费用。管理费用是损益类科目，期末结转到本年利润账户，减少本年利润。

有些费用项目是相同的，如折旧费、水电费、办公费、管理人员工资及福利等，但是由于费用发生的地点不同，其受益对象不同，故归属于不同的科目。例如，车间管理人员工资应计入制造费用，厂部管理人员工资则应计入管理费用，车间水电费应计入制造费用，厂部的水电费则计入管理费用。

4. 金融资产分类

企业的对外投资按照投资目的和反映的经济实质不同，可以分为金融资产投资和长期股权投资，对于金融资产投资，2017 年，财政部连续修订了一系列金融工具相关会计准则。详见表 3-9。

表 3-9　金融会计准则修订

名称	时间
《企业会计准则第 22 号——金融工具确认和计量》	2017 年 3 月 31 日修订， 自 2018 年 1 月 1 日起施行
《企业会计准则第 23 号——金融资产转移》	2017 年 3 月 31 日修订， 自 2018 年 1 月 1 日起施行
《企业会计准则第 24 号——套期会计》	2017 年 3 月 31 日修订， 自 2018 年 1 月 1 日起施行
《企业会计准则第 37 号——金融工具列报》	2017 年 5 月 2 日修订， 自 2018 年 1 月 1 日起施行

企业应当根据其管理金融资产的业务模式和金融资产的合同现金流量特征进行分类，并对不同金融资产选择不同的会计计量属性进行核算，详见表 3-10。

表 3-10　金融资产分类

对外投资类型	特征	计量属性	期末价值变动核算
交易性金融资产	短期获利目的	公允价值	公允价值变动损益
债权投资	以收取合同现金流量为目的，现金流量仅为对本金和以未偿付本金金额为基础的利息的支付	摊余成本	
其他债权投资	既以收取合同现金流量为目的，又以出售该资产为目标，现金流量仅为对本金和以未偿付本金金额为基础的利息的支付	公允价值	其他综合收益
其他权益工具投资	非交易性权益工具投资	公允价值	其他综合收益

5. 公允价值变动损益与投资收益的区别

投资收益账户记录对外投资过程中实现的收入或发生的损失，是已经实现的收入或损失，如应收股利和应收利息。

公允价值变动损益账户记录企业所持有的对外投资资产因为市场价格的变动而发生的价值变化（是一种持有的但尚未实现的利得或损失）。

因此，投资收益核算对外投资中已实现的损益，公允价值变动损益核算采用公允价值计量的金融资产由于公允价值变动而产生的未实现的损益。只有将此金融资产处置后，才能真正确认收益，因此处置该金融资产时，将公允价值变动损益结转至投资收益账户。

6. 收入与利得的区别

收入是指企业在日常活动中形成的、会导致所有者权益增加的、与所有者投入资本无关的经济利益的总流入。收入是从企业的日常活动中产生的，而不是从偶然的交易或者事项中产生的，收入可能表现为企业资产的增加，也可能表现为负债的减少，收入可导致所有者权益的增加。按照收入的业务性质，收入可分为销售商品收入、提供劳务收入和让渡资产使用权收入。按照企业经营业务的主次，收入可分为主营业务收入与其他业务收入。不同行业的主营业务收入所包括的内容不同。制造业企业的主营业务收入主要包括销售产成品、自制半成品、提供工业性劳务等取得的收入；商品流通企业的主营业务收入主要包括销售商品所取得的收入。主营业务收入一般占企业收入的比重较大，对企业的经济效益产生的影响较大。其他业务收入所占的比重相对较小，主要包括出售原材料、出租包装物、出租固定资产和无形资产收入等。

由日常活动形成的收益称为收入，源于日常活动以外的活动形成的收益称为利得，计入营业外收入，如处置固定资产净收益、出售无形资产净收益和罚款收入等。

7. 为什么应交税费是负债，但是增值税进项税额登记在应交税费的借方

增值税采取卖方企业代收代缴的征纳制度，企业采购时，向供货方支付的增值税称为企业应交增值税的"进项税额"，企业销售时，向购买方收取的增值税称为企业应交增值税的"销项税额"，期末，"销项税额"扣减"进项税额"后的净额上交税务部门。因此，进项税额可以抵扣销项税额，减少企业应向税务部门缴纳的应交税费，进项税额登记在应交税费的借方，反映企业对税务部门负债的减少。

8. 账户的结转

账户的结转包括两个方面的内容，首先总结计算出某一个账户记录的金额数，其次将计算出来的账面记录数额从原来登记方向的相反方向结转到另外一个账户中。在《会计学原理》中主要有以下几种结转情况。

1）结转材料采购的成本

企业购买原材料时发生的各种成本登记在材料采购的借方，表示采购成本的增加（如果用计划成本法核算，则登记在在途物资），完成采购过程，将材料验收入库，就要将采购成本从材料采购的贷方结转至原材料账户的借方，反映原材料的增加。

借：原材料
　　贷：在途物资（材料采购）

2）结转分配本期的制造费用

对于生产过程中发生的各种间接费用，在发生时登记到制造费用的借方，反映间接生产成本的增加，在期末，要按照一定的分配标准将制造费用分配到生产成本中，可以按照工人工资、机器工时等分配原则，分配后，将分配的金额从制造费用的贷方结转至生产成本账户的借方，反映生产成本的增加。

借：生产成本
　　贷：制造费用

3）结转完成产品生产成本

生产过程中的产品生产成本增加登记在生产成本账户的借方，在产品完工入库时要将完工产品的生产成本从贷方结转至库存商品的借方，反映库存商品的增加。

借：库存商品

　　贷：生产成本

4）结转已经销售产品的生产成本

产品销售过程中，在获得销售收入的同时，库存商品减少，将库存商品成本结转到主营业务成本中。

借：主营业务成本

　　贷：库存商品

5）将本期全部收入结转到本年利润账户

收入发生时登记在收入类账户的贷方，如主营业务收入、其他业务收入、投资收益、营业外收入、资产处置损益等，在期末企业要计算财务成果，将收入与费用配比，核算利润，因此收入类账户的本期发生额从借方结转至本年利润的贷方，反映本年利润的增加，同时收入类账户期末余额为零。

借：主营业务收入

　　其他业务收入

　　公允价值变动收益

　　投资收益

　　资产处置损益

　　营业外收入

　　贷：本年利润

6）将本期全部费用结转到本年利润账户

费用发生时登记在费用类账户的借方，如主营业务成本、其他业务成本、财务费用、管理费用、销售费用、税金及附加、所得税费用、营业外支出、信用减值损益、资产减值损益、所得税费用等，在期末企业要计算财务成果，将收入与费用配比，核算利润，因此费用类账户的本期发生额从贷方结转至本年利润的借方，反映本年利润的减少，同时费用类账户期末余额为零。

借：本年利润

　　贷：主营业务成本

　　其他业务成本

　　税金及附加

　　销售费用

　　管理费用

　　财务费用

　　资产减值损益

　　信用减值损益

　　公允价值变动损益

　　投资损益

　　资产处置损益

　　营业外支出

7）将本期所实现的全部利润结转至利润分配账户

企业在会计年度年末时要进行利润分配，因此要将全年已实现的，记录在本年利润账户中的净利润数结转至"利润分配——未分配利润"账户中。如果企业本年盈利，即本年利润的贷方发生额大于借方发生额，结转时从本年利润的借方将两者差额结转至"利润分配——未分配利润"的贷方。反之，则从本年利润的贷方结转至"利润分配——未分配利润"的借方，反映需弥补的亏损。

借：本年利润

　　贷：未分配利润

需要注意的是结转业务不同于一般的经济业务，其所依据的原始凭证一定是企业自制的原始凭证（有时也不需要原始凭证），且结转是资金记录在企业不同账户之间的结转，不会影响企业实际可用资金总额的变化。

9. 企业实现的净利润的分配顺序

按照《中华人民共和国公司法》的规定，企业实现的净利润按照以下顺序分配。

（1）弥补以前年度亏损。

（2）提取 10% 的法定公积金。法定公积金累计额达到注册资本的 50% 以后，可以不再提取。企业提取的法定盈余公积主要用于弥补亏损或转增资本。

（3）提取任意公积金。任意公积金提取比例由投资者召开股东大会决定。

（4）向投资者分配利润。企业以前年度未分配的利润并入本年利润，在充分考虑现金流量状况后，向投资者分配，包括分配现金股利和股票股利。现金股利一般按照股东持有的股份比例分配。

公司股东大会或董事会违反上述利润分配顺序，在弥补亏损和提取法定盈余公积金之前向股东分配利润的，必须将违反规定的利润退还给公司。

▶3.3　练　习　题◀

一、单选题

1. 从价值运动角度考察，（　　）也就是企业生产的产品的价值实现过程。

A. 供应过程　　　B. 生产过程　　　C. 销售过程　　　D. 筹资过程

2. 用来核算企业所有购入材料的买价和采购费用，据以确定材料采购储备的账户是（　　）。

A. 原材料　　　B. 应付账款　　　C. 材料成本差异　D. 材料采购

3. 甲企业从市外购进材料 100 吨，货款计 1 000 000 元，途中发生定额内损耗 1 000元，运费 1 000 元，保险金 5 000 元，增值税进项税额为 130 000 元，则该材料的采购成本为（　　）元。

A. 1 000 000　　B. 1 005 000　　C. 1 006 000　　　D. 1 135 000

4. 结转入库材料的采购成本时,应( )。

A. 借记"原材料"账户,贷记"银行存款"账户

B. 借记"原材料"账户,贷记"银行存款"或"应付账款"账户

C. 借记"原材料"账户,贷记"材料采购"账户

D. 借记"材料采购"账户,贷记"银行存款"账户

5. 原材料账户的贷方登记的是( )。

A. 购入各种材料的买价

B. 购入各种材料的采购费用

C. 已验收入库材料的实际成本

D. 发出材料的实际成本

6. 材料采购人员报销的差旅费应( )。

A. 计入材料的采购成本　　　　　B. 计入管理费用

C. 计入其他应收款　　　　　　　D. 以上均可

7. 某企业3月生产甲、乙两种产品投入人工工时分别为4 000工时、3 000工时,本月共发生制造费用35 000元,按照人工工时分配制造费用,则分摊计入甲产品成本的制造费用为( )。

A. 35 000元　　　B. 20 000元　　　C. 15 000元　　　D. 17 500元

8. 某企业5月生产甲产品,月初在产品成本60 000元,本月发生直接材料费用100 000元,直接人工费用40 000元,制造费用50 000元,管理费用70 000元,无月末在产品,则本月完工产品成本为( )。

A. 250 000元　　　B. 190 000元　　　C. 320 000元　　　D. 260 000元

9. 某企业某月月初在产品成本为50 000元,本月生产费用为300 000元,月末在产品成本为20 000元,则本月完工产品成本为( )。

A. 350 000元　　　B. 370 000元　　　C. 330 000元　　　D. 270 000元

10. ( )属于制造费用。

A. 生产工人工资　　　　　　　　B. 厂部行政管理费

C. 车间折旧费　　　　　　　　　D. 产品广告费

11. 下列直接计入生产成本的费用是( )。

A. 企业办公楼的折旧费　　　　　B. 广告费

C. 生产产品的材料费　　　　　　D. 利息费用

12. "生产成本"账户的期末借方余额表示( )。

A. 完工产品成本　　　　　　　　B. 期末在产品成本

C. 库存产成品成本　　　　　　　D. 本月生产费用合计

13. 从企业投资者的角度来看,只有缴纳( )后的利润,才是企业最终的财务成果。

A. 资源税　　　B. 增值税　　　C. 企业所得税　　　D. 消费税

14. 专利技术转让费收入对于一般的制造业企业来说属于( )。

A. 基本业务收入　　　　　　　　B. 主营业务收入

C. 其他业务收入　　　　　　　　D. 营业外收入

15. 企业结转全年利润时，借记"本年利润"账户，贷记（　　）。

A. 利润分配——未分配利润　　　B. 管理费用

C. 主营业务收入　　　　　　　　D. 投资收益

16. 某企业甲车间月初在产品成本为 1 000 元，本月耗用材料费用为 20 000 元，生产工人工资及福利费为 4 000 元，月末在产品成本为 2 200 元，厂部预付下半年报刊费 600 元。甲车间本月完工产品生产成本总额为（　　）。

A. 22 800 元　　　B. 29 100 元　　　C. 26 800 元　　　D. 26 900 元

17. "主营业务成本"账户的借方登记从"（　　）"账户中结转的本期已售商品的生产成本。

A. 生产成本　　　B. 库存商品　　　C. 管理费用　　　D. 原材料

18. 某企业本月营业利润为 110 000 元，投资亏损为 20 000 元，营业外收入为 10 000 元，该企业本月实现的利润总额为（　　）。

A. 140 000 元　　　B. 100 000 元　　　C. 80 000 元　　　D. 90 000 元

19. "利润分配"的年末贷方余额表示（　　）。

A. 已分配的利润额　　　　　　　B. 未分配的利润额

C. 未弥补的亏损额　　　　　　　D. 已实现的净利润

20. 某企业 6 月 30 日，"本年利润"账户有借方余额 13 万元，表示（　　）。

A. 1~6 月累计实现的利润为 13 万元

B. 1~6 月累计发生的亏损为 13 万元

C. 6 月实现的利润为 13 万元

D. 6 月发生的亏损为 13 万元

二、多选题

1. 下列属于生产过程的经济业务是（　　）。

A. 购入材料　　　　　　　　　　B. 生产领用材料

C. 完工产品入库　　　　　　　　D. 分配结转制造费用

2. 工业企业的供、产、销三个阶段，应计算的成本有（　　）。

A. 借款成本　　　　　　　　　　B. 材料采购成本

C. 产品销售成本　　　　　　　　D. 产品生产成本

3. 制造费用的分配标准通常有（　　）。

A. 产品人工工时　　　　　　　　B. 产品工人工资

C. 产品机器工时　　　　　　　　D. 主营业务收入

4. "制造费用"账户（　　）。

A. 属于损益类账户

B. 借方登记发生的制造费用

C. 期末结转后无余额

D. 贷方登记期末转出，计入"生产成本"账户

5. "累计折旧"账户（　　）。

A. 属于资产类账户

B. 贷方登记出售、报废固定资产的已提折旧

C. 借方登记企业按月计提的固定资产折旧

D. 期末贷方余额表示企业固定资产累计折旧

6. 下列各科目的余额，期末应结转到"本年利润"科目的有（　　）。

A. 营业外收入　　　　　　　　　　B. 营业外支出

C. 投资收益　　　　　　　　　　　D. 制造费用

7. 下列各项，影响企业营业利润的项目有（　　）。

A. 销售费用　　　B. 管理费用　　　C. 投资收益　　　D. 所得税

8. 如果本期购货成本中错误地计入了不应包括的项目，会导致（　　）。

A. 应付账款虚增　　　　　　　　　B. 本期净收益虚增

C. 本期净收益虚减　　　　　　　　D. 资产总额虚增

9. "应付职工薪酬"账户（　　）。

A. 借方登记实际发放的工资

B. 贷方登记计提或分配的应付工资

C. 属于负债类账户

D. 期末余额一般在贷方，表示应付而未付的工资

10. 计提固定资产折旧时，与"累计折旧"账户对应的账户为（　　）。

A. 生产成本　　　B. 制造费用　　　C. 管理费用　　　D. 待摊费用

11. 企业实现的净利润应进行下列分配（　　）。

A. 计算缴纳所得税　　　　　　　　B. 提取法定盈余公积

C. 向投资者分配利润　　　　　　　D. 提取任意盈余公积

12. 固定资产应按取得时的实际成本入账，其实际成本包括固定资产的（　　）。

A. 买价　　　　　　　　　　　　　B. 运杂费

C. 税金　　　　　　　　　　　　　D. 安装成本

13. 发生增加固定资产业务，可能贷记的账户有（　　）。

A. 银行存款　　　B. 实收资本　　　C. 应收账款　　　D. 在建工程

14. 接受投资入股时，可能借记（　　）账户。

A. 现金或银行存款　　　　　　　　B. 固定资产

C. 无形资产　　　　　　　　　　　D. 生产成本

15. 下列项目应记入"营业外收入"账户贷方的有（　　）。

A. 出租设备的租金收入　　　　　　B. 应付账款无须支付

C. 罚款收入　　　　　　　　　　　D. 存款利息收入

三、判断题

1. 会计处理基础有权责发生制和现金收付制两种。（　　）

2. 所有的费用都应作为企业的成本核算。（　　）

3. 发出材料应负担的差异无论是超支差异还是节约差异，均应记入"材料成本差异"账户的贷方。（　　）

4. 车间一般消耗的材料费用属于制造费用。（　　）

5. 主营业务收入是指主营业务时实际收到的现金或银行存款。（　　）

6. "本年利润"账户 1 月至 11 月的期末贷方余额表示截至期末累计实现的净利润，期末借方余额表示截至期末本年累计发生的亏损，年终结转后应无余额。（　　）

7. 应付借款利息和应交税务部门的增值税，都属于财务费用。（　　）

8. 固定资产的价值随其损耗逐渐地、部分地转移到产品的成本中去，故"固定资产"账户反映固定资产现有的价值。（　　）

9. 所得税是一种费用。（　　）

10. 企业对外提供捐赠，引起了资产变化，因此，它是会计核算的经济业务。（　　）

四、综合题

1. A 工厂在 20×2 年 7 月发生的部分经济业务如下：

①向 X 工厂购进甲材料 1 000 件，计价款 20 000 元，增值税额 2 600 元，市内运费 500 元，所有款项以银行存款付清。

②将上述甲材料验收入库。

③从市外的 Y 工厂购进乙材料 1 000 千克，每千克 30 元，价款 30 000 元，运杂费 300 元，增值税额 3 900 元，材料已验收入库，价款、税金及运杂费均未支付。

④以银行存款支付 Y 工厂购买材料款及进项税额。

按以上资料编制会计分录。

2. B 工厂 20×2 年 7 月发生下列经济业务。

①本月生产领用材料情况如下：

用途	甲材料/元	乙材料/元	合计/元
A 产品	32 000	45 000	77 000
B 产品	68 000	38 000	106 000
车间一般耗用	2 000	500	2 500
合计	102 000	83 500	185 500

②结算本月应付工资 68 000 元，其中生产 A 产品的生产工人工资 30 000 元，生产 B 产品的生产工人工资 20 000 元，车间管理人员工资 10 000 元，厂部管理人员工

8 000 元。

　　③从银行存款提取现金 80 000 元。

　　④用现金发放上月职工工资 80 000 元。

　　⑤用银行存款支付本月水电费 6 000 元，其中各车间分配 4 000 元，厂部分配 2 000 元。

　　⑥按规定标准计提本月固定资产折旧费 8 000 元，其中车间用固定资产折旧费为 6 000 元，厂部固定资产折旧费 2 000 元。

　　⑦按生产工人工资的比例分摊并结转本月制造费用。

　　⑧本月投产 A 产品 100 件，全部完工；B 产品 200 件，全部未完工。A 产品已全部完工入库，结转完工产品成本。

　　根据上述经济业务编制会计分录。

　　3. C 工厂 20×2 年 7 月发生下列经济业务：

　　①销售 A 产品 10 件，单价 100 元，计 1 000 元，销项税额 130 元，款项已存入银行。

　　②销售 B 产品 15 件，单价 400 元，计 6 000 元，销项税额 780 元，款项尚未收到。

　　③用银行存款支付销售费用，计 800 元。

　　④结转已销产品生产成本，A 产品 700 元，B 产品 4 200 元。

　　⑤计算应交城市维护建设税 100 元，教育费附加 60 元。

　　⑥销售丙材料 200 千克，单价 10 元，计 2 000 元，货款已存入银行，其采购成本为 1 200 元（不考虑增值税）。

　　⑦月末结转损益类账户。

　　⑧计算应缴纳的所得税费用。

　　根据经济业务编制会计分录。

　　4. 光明公司 20×2 年 6 月发生下列经济业务：

　　（1）购入甲材料 100 吨，每吨 1 000 元，计 100 000 元，购料款已以银行存款支付。

　　（2）购入乙材料 100 吨，每吨 500 元，计 50 000 元，货款尚未支付。

　　（3）购入上述材料发生运杂费 2 000 元，以现金支付（按甲、乙材料重量比例分配）。

　　（4）将上述材料均验收入库。

　　（5）本月生产 A 产品耗用甲材料 40 000 元；生产 B 产品耗用乙材料 20 000 元。

　　（6）本月应付职工工资 53 000 元。其中，生产 A 产品工人工资 30 000 元，生产 B 产品工人工资 15 000 元，车间管理人员工资 3 000 元，企业管理人员工资 5 000 元。

　　（7）按规定计提固定资产折旧费 11 000 元，其中，生产用固定资产折旧费 10 000 元，行政管理部门用固定资产折旧费 1 000 元。

　　（8）以银行存款支付车间办公用品费 580 元，支付行政管理部门办公用品费 1 000 元。

　　（9）以银行存款支付本月水电费 4 000 元，其中，厂部分配 1 500 元，车间分配 2 500 元。

　　（10）汇集全月制造费用，按 A、B 产品的生产工时进行分配。其中，A 产品的生产工时为 6 000 小时，B 产品的生产工时为 4 000 小时。

（11）本月投产的 A、B 产品各 10 件，全部完工入库，结转完工产品的生产成本。

（12）厂长 X 出差，预借差旅费 800 元，开出现金支票付讫。

（13）开出转账支票一张，支付广告费 3 800 元。

（14）本月生产的 A 产品 10 件均出售，每件单价 14 000 元，货款已收存银行。

（15）本月生产的 B 产品 10 件均出售，每件单价 8 000 元，货款尚未收到。

（16）以银行存款支付购入乙材料的货款 50 000 元。

（17）以银行存款发放本月工资 53 000 元。

（18）收回销售 B 产品的应收账款 80 000 元，存入银行。

（19）销售材料取得收入 8 000 元，款存银行，该材料的实际成本为 4 020 元。

（20）月末结转已售产品生产成本。

（21）月末结转损益类账户。

（22）按利润总额的 25%计算应交所得税并结转所得税费用。

（23）按税后利润的 10%提取盈余公积。

（24）按税后利润的 10%计算应付股利。

（25）根据以上资料编制会计分录并计算本月末的未分配利润。

5. 长江工厂 20×2 年 10 月发生下列经济业务：

（1）国家投入机器一台，价值 80 000 元，已交付使用。

（2）向银行借入短期借款 100 000 元。

（3）购入甲材料一批，价款 100 000 元，运杂费 2 000 元，材料已验收入库，用银行存款支付货款 50 000 元，余款暂欠。运杂费已用银行存款支付。

（4）用银行存款预付明年报刊费 1 200 元。

（5）分配本月工资 100 000 元，其中，生产工人工资 60 000 元，车间管理人员工资 15 000 元，厂部管理人员工资 10 000 元，专设销售机构人员工资 15 000 元。

（6）提现 100 000 元，用现金发放工资。

（7）结转制造费用。

（8）本月生产的产品全部完工入库，结转入库产品的生产成本。

（9）用银行存款支付前欠 B 公司货款 50 000 元。

（10）销售产品一批，金额 100 000 元，收到其中 50%的货款，余额尚欠。

（11）用存款支付广告费 10 000 元。

（12）结转已售 A 产品的成本 50 000 元。

（13）结转损益类账户。

（14）按照 25%所得税税率计算应交所得税，结转所得税。

（15）用存款缴纳所得税 4 000 元。

根据上述经济业务，编制会计分录。

▶3.4　参　考　答　案◀

一、单选题

（1~5）　C　　D　　C　　C　　D
（6~10）　B　　B　　A　　C　　C
（11~15）C　　B　　C　　C　　A
（16~20）A　　B　　B　　B　　B

二、多选题

1. BCD	2. BCD	3. ABC	4. BCD	5. AD
6. ABC	7. ABC	8. AD	9. ABCD	10. BC
11. BCD	12. ABCD	13. ABCD	14. ABC	15. BC

三、判断题

1. √	2. ×	3. ×	4. √	5. ×
6. √	7. ×	8. ×	9. √	10. √

四、综合题

1. ①借：材料采购——甲材料　　　　　　　　　　20 500
　　　　应交税费——应交增值税　　　　　　　　2 600
　　　　　贷：银行存款　　　　　　　　　　　　　　23 100
　②借：原材料——甲材料　　　　　　　　　　　20 500
　　　　　贷：材料采购——甲材料　　　　　　　　　20 500
　③借：原材料——乙材料　　　　　　　　　　　30 300
　　　　应交税费——应交增值税　　　　　　　　3 900
　　　　　贷：应付账款——Y 工厂　　　　　　　　　34 200
　④借：应付账款——Y 工厂　　　　　　　　　　34 200
　　　　　贷：银行存款　　　　　　　　　　　　　　34 200
2. ①借：生产成本——A 产品　　　　　　　　　　77 000
　　　　　　　　——B 产品　　　　　　　　　106 000
　　　　制造费用　　　　　　　　　　　　　　2 500
　　　　　贷：原材料——甲材料　　　　　　　　　102 000
　　　　　　　　——乙材料　　　　　　　　　　83 500

②借：生产成本——A 产品　　　　　　　　　　　　　　　　30 000
　　　　　　　——B 产品　　　　　　　　　　　　　　　　20 000
　　　制造费用　　　　　　　　　　　　　　　　　　　　　10 000
　　　管理费用　　　　　　　　　　　　　　　　　　　　　 8 000
　　　　贷：应付职工薪酬　　　　　　　　　　　　　　　　　　　　68 000
③借：库存现金　　　　　　　　　　　　　　　　　　　　　80 000
　　　　贷：银行存款　　　　　　　　　　　　　　　　　　　　　　80 000
④借：应付职工薪酬　　　　　　　　　　　　　　　　　　　80 000
　　　　贷：库存现金　　　　　　　　　　　　　　　　　　　　　　80 000
⑤借：制造费用　　　　　　　　　　　　　　　　　　　　　 4 000
　　　管理费用　　　　　　　　　　　　　　　　　　　　　 2 000
　　　　贷：银行存款　　　　　　　　　　　　　　　　　　　　　　 6 000
⑥借：制造费用　　　　　　　　　　　　　　　　　　　　　 6 000
　　　管理费用　　　　　　　　　　　　　　　　　　　　　 2 000
　　　　贷：累计折旧　　　　　　　　　　　　　　　　　　　　　　 8 000
⑦借：生产成本——A 产品　　　　　　　　　　　　　　　　13 500
　　　　　　　——B 产品　　　　　　　　　　　　　　　　 9 000
　　　　贷：制造费用　　　　　　　　　　　　　　　　　　　　　　22 500
⑧借：库存商品——A 产品　　　　　　　　　　　　　　　 120 500
　　　　　　　——B 产品　　　　　　　　　　　　　　　 135 000
　　　　贷：生产成本——A 产品　　　　　　　　　　　　　　　 120 500
　　　　　　　　　——B 产品　　　　　　　　　　　　　　　 135 000
3. ①借：银行存款　　　　　　　　　　　　　　　　　　　 1 130
　　　　贷：主营业务收入　　　　　　　　　　　　　　　　　　　 1 000
　　　　　应交税费——应交增值税（销项税额）　　　　　　　　　 130
②借：应收账款　　　　　　　　　　　　　　　　　　　　 6 780
　　　　贷：主营业务收入　　　　　　　　　　　　　　　　　　　 6 000
　　　　　应交税费——应交增值税（销项税额）　　　　　　　　　 780
③借：销售费用　　　　　　　　　　　　　　　　　　　　　 800
　　　　贷：银行存款　　　　　　　　　　　　　　　　　　　　　　 800
④借：主营业务成本　　　　　　　　　　　　　　　　　　　 4 900
　　　　贷：库存商品——A 产品　　　　　　　　　　　　　　　　 700
　　　　　　　　——B 产品　　　　　　　　　　　　　　　 4 200
⑤借：税金及附加　　　　　　　　　　　　　　　　　　　　 160
　　　　贷：应交税费　　　　　　　　　　　　　　　　　　　　　　 160
⑥借：银行存款　　　　　　　　　　　　　　　　　　　　　 2 000
　　　　贷：其他业务收入　　　　　　　　　　　　　　　　　　　 2 000

```
　借：其他业务成本                                      1 200
　　贷：原材料——丙材料                                       1 200
⑦借：本年利润                                          7 060
　　贷：主营业务成本                                          4 900
　　　　其他业务成本                                          1 200
　　　　销售费用                                              800
　　　　营业税金及附加                                        160
　借：主营业务收入                                      7 000
　　其他业务收入                                        2 000
　　贷：本年利润                                              9 000
⑧借：所得税费用                                         485
　　贷：应交税费——应交所得税                                  485
4.（1）借：材料采购——甲材料                          100 000
　　　　应交税费——应交增值税（进项税额）               13 000
　　　　　贷：银行存款                                     113 000
（2）借：材料采购——乙材料                             50 000
　　　应交税费——应交增值税（进项税额）                  6 500
　　　　贷：应付账款                                       56 500
（3）借：材料采购——甲材料                              1 000
　　　　　　　　——乙材料                                1 000
　　　贷：库存现金                                         2 000
（4）借：原材料——甲材料                              101 000
　　　　　　——乙材料                                  51 000
　　　贷：材料采购——甲材料                             101 000
　　　　　　　　——乙材料                               51 000
（5）借：生产成本——A 产品                             40 000
　　　　　　——B 产品                                  20 000
　　　贷：原材料——甲材料                                 40 000
　　　　　　　——乙材料                                 20 000
（6）借：生产成本——A 产品                             30 000
　　　　　　——B 产品                                  15 000
　　　制造费用                                          3 000
　　　管理费用                                          5 000
　　　贷：应付职工薪酬                                    53 000
（7）借：制造费用                                      10 000
　　　管理费用                                          1 000
　　　贷：累计折旧                                        11 000
```

（8）借：制造费用　　　　　　　　　　　　　　　　　　　580

　　　　管理费用　　　　　　　　　　　　　　　　　　 1 000

　　　　　贷：银行存款　　　　　　　　　　　　　　　　　　　　　1 580

（9）借：管理费用　　　　　　　　　　　　　　　　　　 1 500

　　　　制造费用　　　　　　　　　　　　　　　　　　 2 500

　　　　　贷：银行存款　　　　　　　　　　　　　　　　　　　　　4 000

（10）借：生产成本——A 产品　　　　　　　　　　　　 9 648

　　　　　　　——B 产品　　　　　　　　　　　　　 6 432

　　　　　贷：制造费用　　　　　　　　　　　　　　　　　　　　16 080

（11）借：库存商品——A 产品　　　　　　　　　　　 79 648

　　　　　　　——B 产品　　　　　　　　　　　　 41 432

　　　　　贷：生产成本——A 产品　　　　　　　　　　　　　　79 648

　　　　　　　　——B 产品　　　　　　　　　　　　　　41 432

（12）借：其他应收款　　　　　　　　　　　　　　　　　800

　　　　　贷：银行存款　　　　　　　　　　　　　　　　　　　　　 800

（13）借：销售费用　　　　　　　　　　　　　　　　　 3 800

　　　　　贷：银行存款　　　　　　　　　　　　　　　　　　　　　3 800

（14）借：银行存款　　　　　　　　　　　　　　　　158 200

　　　　　贷：主营业务收入　　　　　　　　　　　　　　　　　140 000

　　　　　　　应交税费——应交增值税（销项税额）　　　　　　18 200

（15）借：应收账款　　　　　　　　　　　　　　　　 90 400

　　　　　贷：主营业务收入　　　　　　　　　　　　　　　　　 80 000

　　　　　　　应交税费——应交增值税（销项税额）　　　　　　10 400

（16）借：应付账款　　　　　　　　　　　　　　　　 50 000

　　　　　贷：银行存款　　　　　　　　　　　　　　　　　　　　50 000

（17）借：应付职工薪酬　　　　　　　　　　　　　　 53 000

　　　　　贷：银行存款　　　　　　　　　　　　　　　　　　　　53 000

（18）借：银行存款　　　　　　　　　　　　　　　　 80 000

　　　　　贷：应收账款　　　　　　　　　　　　　　　　　　　　80 000

（19）借：银行存款　　　　　　　　　　　　　　　　　 9 040

　　　　　贷：其他业务收入　　　　　　　　　　　　　　　　　 8 000

　　　　　　　应交税费——应交增值税（销项税额）　　　　　　 1 040

　　　　借：其他业务成本　　　　　　　　　　　　　　 4 020

　　　　　贷：原材料　　　　　　　　　　　　　　　　　　　　　4 020

（20）借：主营业务成本　　　　　　　　　　　　　　121 080

　　　　　贷：库存商品——A 产品　　　　　　　　　　　　　　79 648

　　　　　　　　——B 产品　　　　　　　　　　　　　　41 432

（21）借：本年利润　　　　　　　　　　　137 400
　　　　　贷：主营业务成本　　　　　　　　　　121 080
　　　　　　　其他业务成本　　　　　　　　　　　4 020
　　　　　　　管理费用　　　　　　　　　　　　　8 500
　　　　　　　销售费用　　　　　　　　　　　　　3 800
　　　借：主营业务收入　　　　　　　　　220 000
　　　　　其他业务收入　　　　　　　　　　8 000
　　　　　贷：本年利润　　　　　　　　　　　228 000
（22）借：所得税　　　　　　　　　　　　22 650
　　　　　贷：应交税费　　　　　　　　　　　22 650
　　　借：本年利润　　　　　　　　　　　22 650
　　　　　贷：所得税　　　　　　　　　　　　22 650
（23）借：利润分配　　　　　　　　　　　6 795
　　　　　贷：盈余公积　　　　　　　　　　　6 795
（24）借：利润分配　　　　　　　　　　　6 795
　　　　　贷：应付股利　　　　　　　　　　　6 795
（25）未分配利润为 54 360 元。
5. （1）借：固定资产　　　　　　　　　　80 000
　　　　　　贷：实收资本　　　　　　　　　　80 000
（2）借：银行存款　　　　　　　　　　100 000
　　　　　贷：短期借款　　　　　　　　　　100 000
（3）借：原材料　　　　　　　　　　　102 000
　　　　应交税费——应交增值税（进项税额）　13 000
　　　　　贷：银行存款　　　　　　　　　　52 000
　　　　　　　应付账款　　　　　　　　　　63 000
（4）借：其他应收款　　　　　　　　　　1 200
　　　　　贷：银行存款　　　　　　　　　　　1 200
（5）借：生产成本　　　　　　　　　　60 000
　　　　制造费用　　　　　　　　　　　15 000
　　　　管理费用　　　　　　　　　　　10 000
　　　　销售费用　　　　　　　　　　　15 000
　　　　　贷：应付职工薪酬　　　　　　　　100 000
（6）借：库存现金　　　　　　　　　　100 000
　　　　　贷：银行存款　　　　　　　　　　100 000
　　　借：应付职工薪酬　　　　　　　　100 000
　　　　　贷：库存现金　　　　　　　　　　100 000
（7）借：生产成本　　　　　　　　　　15 000
　　　　　贷：制造费用　　　　　　　　　　15 000

（8）借：库存商品　　　　　　　　　　　　　　　　　　75 000
　　　贷：生产成本　　　　　　　　　　　　　　　　　　　　75 000
（9）借：应付账款　　　　　　　　　　　　　　　　　　50 000
　　　贷：银行存款　　　　　　　　　　　　　　　　　　　　50 000
（10）借：银行存款　　　　　　　　　　　　　　　　　　56 500
　　　　应收账款　　　　　　　　　　　　　　　　　　　56 500
　　　贷：主营业务收入　　　　　　　　　　　　　　　　　　100 000
　　　　　应交税费——应交增值税　　　　　　　　　　　　　13 000
（11）借：销售费用　　　　　　　　　　　　　　　　　　10 000
　　　贷：银行存款　　　　　　　　　　　　　　　　　　　　10 000
（12）借：主营业务成本　　　　　　　　　　　　　　　　50 000
　　　贷：库存商品　　　　　　　　　　　　　　　　　　　　50 000
（13）借：本年利润　　　　　　　　　　　　　　　　　　85 000
　　　贷：主营业务成本　　　　　　　　　　　　　　　　　　50 000
　　　　　管理费用　　　　　　　　　　　　　　　　　　　　10 000
　　　　　销售费用　　　　　　　　　　　　　　　　　　　　25 000
　　　借：主营业务收入　　　　　　　　　　　　　　　　100 000
　　　　贷：本年利润　　　　　　　　　　　　　　　　　　　100 000
（14）借：所得税　　　　　　　　　　　　　　　　　　　3 750
　　　贷：应交税费——应交所得税　　　　　　　　　　　　　3 750
　　　借：本年利润　　　　　　　　　　　　　　　　　　3 750
　　　　贷：所得税　　　　　　　　　　　　　　　　　　　　3 750
（15）借：应交税费——应交所得税　　　　　　　　　　　4 000
　　　贷：银行存款　　　　　　　　　　　　　　　　　　　　4 000

▶3.5　思考讨论题◀

（1）2017 年 7 月，财政部发布了财会〔2017〕22 号文，对《企业会计准则第 14 号——收入》进行了修订（境内上市公司 2018 年 1 月 1 日开始实施）。

◎　请同学们收集该收入准则的资料，了解其修改的背景与主要变化及其对企业经济业务的影响。

（2）本章中，交易性金融资产使用公允价值计量。FASB（Financial Accounting Standards Board，财务会计准则委员会）在 1996 年开始采用公允价值计量，但是好景不长，2007 年，美国的次贷市场开始出现波涛汹涌的危机，一直到 2008 年，市场行情愈演愈烈，逐渐演变为一场席卷全球的金融危机。金融界的大鳄们纷纷指责公允价值计量是此次金融危机的罪魁祸首，公允价值的运用不断加剧金融危机的蔓延。但 IASB

（International Accounting Standards Board，国际会计准则理事会）在 2009 年仍坚持公允价值准则，声明公允价值计量是最透明的计量工具。FASB 和 IASB 都站在了守擂方，为公允价值辩护，认为使用公允价值是大势所趋，不可倒退。

公允价值在中国同样经过引入—废止—重新引入的曲折之路。1998 年我国在债务重组、投资、非货币性交易等准则中引入公允价值。2001 年财政部将其废止，认为市场条件不够成熟，公允价值成为一些企业盈余管理的秘密武器。2006 年，我国在准则中重新引入公允价值，在金融工具、投资性房地产、套期保值三大领域共 17 项准则中引入公允价值计量属性。

◎ 请搜集相关资料和本章所学知识，谈谈为什么美国实务界认为公允价值是金融危机的罪魁祸首，以及为什么我们现在依然坚持使用公允价值。

（3）A、B、C 三位同学是同班同学，发现周围很多人在炒股，决定将各自的压岁钱合资购买股票，但是在讨论到买什么股票时，三位同学的意见产生了分歧。

A 认为买股票就是跟着感觉走，自己的亲戚好多都是感觉哪个股票会涨时就买进，哪只股票会跌时就卖出。

B 认为选择股票应该了解公司的财务信息，关注公司公布的各种财务报表。

C 认为买股票关键要了解各种信息，包括政府的各种相关政策等。

◎ 你支持以上哪位同学的观点？如果你购买股票，会如何进行选择？

（4）增值税在我国大致经历了试点、确立、转型和扩围四个主要阶段。

第一，试点阶段。1980 年前后在部分城市选择重复征税矛盾最为突出的机器机械和农业机具两个行业进行增值税试点。1984 年，国务院颁布《中华人民共和国增值税条例（草案）》；1987 年增值税税目扩大到 30 个，计税方法统一为"扣税法"；1989 年在"扣税法"基础上逐步统一施行了"价税分流购进扣税法"。

第二，确立阶段。1994 年 1 月，《中华人民共和国增值税暂行条例》开始实施，扩大了增值税的征税范围，增值税制度也得到了进一步完善。

第三，转型阶段。2001 年 7 月 1 日，东北三省开展了增值税转型改革试点，增值税一般纳税人允许抵扣固定资产及相关进项税额，并采用增量抵扣的办法。2009 年 1 月 1 日起，允许全国范围内所有增值税一般纳税人抵扣其新购进设备所含进项税额，未抵扣完的进项税额可结转下期继续抵扣。增值税由生产型向消费型转型。

第四，扩围阶段。从 2012 年开始，我国增值税进入扩围阶段，即我们所说的营改增改革。2012 年 1 月 1 日开始，在上海针对交通运输业和部分现代服务业启动营改增试点，之后，将改革试点分批扩大至北京等 11 个省市。

2013 年 8 月 1 日，试点在全国推开；2014 年 1 月 1 日，将铁路运输和邮政业纳入试点。2018 年 5 月 1 日起，将制造业等行业增值税税率从 17% 降到 16%，交通运输、建筑、基础电信服务等行业及农产品等货物增值税税率从 11% 降到 10%。

2019 年 3 月 15 日，李克强总理指出要进行更大规模的减税降费，包括以下几个方面。

第一，增值税税率降低。从 2019 年 4 月 1 日起，增值税一般纳税人发生增值税应税销售行为或者进口货物，将制造业原适用 16% 税率的，税率调整为 13%；交通运输业、建筑业等行业原适用 10%税率的，税率调整为 9%。此外，纳税人购进农产品，原适用 10%扣除率的，扣除率调整为 9%。纳税人购进用于生产或者委托加工 13%税率货物的农产品，按照 10%的扣除率计算进项税额。

适用 16%税率且出口退税率为 16%的出口货物劳务，出口退税率调整为 13%；原适用 10%税率且出口退税率为 10%的出口货物、跨境应税行为，出口退税率调整为 9%；同时，适用 13%税率的境外旅客购物离境退税物品，退税率调整为 11%；适用 9%税率的境外旅客购物离境退税物品，退税率调整为 8%。

第二，扩大进项税抵扣范围。将国内旅客运输服务纳入抵扣范围，同时将纳税人取得不动产支付的进项税由目前分两年抵扣（第一年抵扣 60%，第二年抵扣 40%）改为一次性全额抵扣。此外，自 2019 年 4 月 1 日至 2021 年 12 月 31 日，允许生产、生活性服务业纳税人按照当期可抵扣进项税额加计 10%，抵减应纳税额。

第三，试行增值税期末留抵税额退税制度。自 2019 年 4 月 1 日起，试行增值税期末留抵税额退税制度。符合相关条件的纳税人，可向主管税务机关申请退还增量留抵税额，增量留抵税额为与 2019 年 3 月底相比新增加的期末留抵税额。

◎ 我国为何要进行增值税改革？该改革对企业经营产生了怎样的影响？

第4章 会计凭证和会计账簿

📖 **内容框架**

原始凭证的内容与填制要求；记账凭证的种类与填制要求，填制收款凭证、付款凭证、转账凭证等记账凭证；会计账簿的种类、适用范围、登记规则；对账内容和结账方法，错账的更正方法

▶4.1 学 习 指 导◀

1. 会计凭证

会计凭证是记录经济业务，明确经济责任，作为记账依据的书面证明，包括原始凭证和记账凭证。

原始凭证是指在交易或事项发生或完成时取得或填制、用来证明交易或事项的发生、明确经济责任，并作为记账依据的最初书面证明文件，它是会计核算的重要依据。

记账凭证是会计人员根据审核无误的原始凭证，记载经济业务简要内容，确定会计分录，作为登记会计账簿依据的会计凭证。

原始凭证和记账凭证按照不同的分类标准进行分类的结果详见图4-1。

2. 原始凭证的基本要素

原始凭证需要详细记录经济业务的主要内容，合格的原始凭证应具备以下基本要素：①原始凭证的名称；②填制的日期；③原始凭证的编号；④原始凭证接受单位的名称；⑤经济业务内容、涉及的数量、计量单位、单价和金额；⑥原始凭证填制单位盖章；⑦填制人及具体经办人签名或盖章。

3. 原始凭证的填制要求

《中华人民共和国会计法》（以下简称《会计法》）规定，企业发生的款项和有价证券的收付，财物的收发、增减和使用，债权债务的发生和结算，资本、基金的增减，收入、支出、费用、成本的计算，财务成果的计算和处理等经济业务事项，必须填制或者取得原始凭证并及时送交会计机构。为保证原始凭证的法律效力，填制原始凭证应做到以下几点：①记录真实可靠。填制在凭证上的内容和数字，必须真实可靠，符合有关

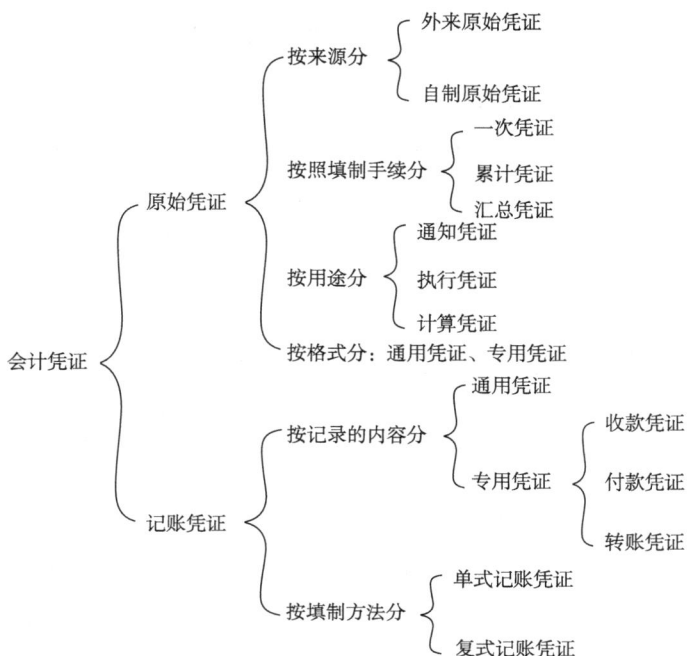

图 4-1　会计凭证分类

经济业务的实际情况。②内容完整。逐项填写齐全，不得遗漏（包括顺序编号）。③填写及时无误。立刻填写，书写规范；保证数字正确无误，如阿拉伯数字不能连笔，金额大写应规范，阿拉伯数字前应书写货币符号；大小写金额相符，金额空白处应划覆盖线"\"。④责任明确。必须有关经办单位和人员的审核与签章。⑤按照顺序使用。

4. 原始凭证的审核

会计的监督职能主要体现在对原始凭证的审核上。为保证会计记录真实、准确、合理、合法，保证财务报告信息质量，原始凭证在正式编制记账凭证，计入会计账簿之前应经过形式和实质两方面的审核。

形式上的审核是指原始凭证的填制是否合规（参照填制要求），凭证中应具备的要素项目齐全。

实质上的审核是指原始凭证所反映的交易或事项是否真实、合法、合规、合理。

5. 记账凭证的基本要素

记账凭证应包括以下基本要素：①记账凭证的名称；②记账凭证填制的日期；③记账凭证的编号；④经济业务的简要说明，即摘要；⑤应借记、贷记的账户名称和金额，即会计分录；⑥所附原始凭证的张数；⑦填制凭证人员、记账人员、会计机构负责人、会计主管人员的签名或盖章，收款凭证和付款凭证还应该有出纳人员的签名或盖章。

6. 记账凭证的填制要求

会计人员应该在原始凭证整理、分类的基础上，根据复式记账原理分析经济业务所涉及的会计科目、变动方向及其金额填制记账凭证。记账凭证应按照以下要求填制：

①以审核无误的原始凭证填制；②摘要简明扼要；③会计分录正确，包括会计科目正确、记账方向正确和金额计算正确；④注明附件张数，有利于确保附件的完整和便于日后查对，记账凭证的附件即原始凭证；⑤连续编制凭证编号，目的是分清会计事项处理的先后顺序，便于记账凭证和会计账簿核对，确保记账凭证完整无缺；⑥空白处划线注销，如果记账凭证中还有空行，应当自金额栏最后一笔金额数字下的空行处至合计数上的空行数划线注销；⑦填制记账凭证发生错误时，应使用专门的错误更正方法重新填写。

7. 记账凭证的审核

为保证会计账簿的正确性，记账人员应正确填制并审核记账凭证，审核内容包括：①是否附有原始凭证，附件是否齐全，记账凭证是否与原始凭证内容相符；②会计分录是否正确（借贷方向、会计科目与金额是否正确）；③各个项目是否正确填列，相关人员的签章是否齐全。

8. 会计凭证的传递和保管

会计凭证的传递应有利于各部门分工协作处理经济业务，有利于明确各个部门经济责任、加强企业管理，减少浪费和内耗，应按照企业经济业务特点和管理要求设计传递程序、时间和衔接手续。

会计凭证应由专人负责保管，年度终了后移交企业档案管理部门，严加管理，一般情况下不得外借，本单位人员借阅需办理相应手续。会计凭证按照《会计档案管理办法》的规定保管一定期限，保管期满后方可销毁，销毁时须填列销毁清单，经过批准后进行，有关人员应在销毁清单上签名。

9. 会计账簿的含义与分类

会计账簿是根据审核无误的会计凭证，序时、分类、连续、系统、全面地记录经济业务的簿籍，它是由许多具有专门格式的账页组成的。会计账簿可以按照用途、外形和账页格式进行不同的分类，详见图4-2。

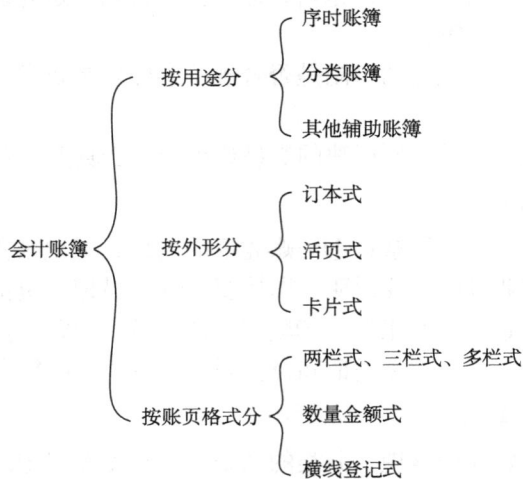

图 4-2 会计账簿分类

10. 会计账簿的作用

（1）为企业管理提供连续、系统、全面、综合的会计信息。

（2）保护企业财产的安全和完整（连续反映财产物资增减、结存）。

（3）为考核提供依据，加强岗位责任（反映耗费与收入）。

（4）为编制会计报表和进行会计检查提供依据。

11. 启用账簿的规则

要在账簿扉页填列"账簿启用表"，详细载明：账簿名称和编号；单位名称及负责人；财会主管及记账人员；账簿页数；账簿册数；启用日期等；加盖公章。

中途更换记账人员须登记，并办理交接手续。

启用订本式账簿，应按从第一页到最后一页的顺序编订页数，不得跳页、缺号。使用活页式账页，应按账户顺序编号，并定期装订成册，装订后再按实际使用的账页顺序编订页码，另加目录记明每个账户的名称和页次。

12. 登记账簿的规则

（1）要依据经审核无误的会计凭证的各有关栏次内容登记会计账簿，要在记账凭证上签名或盖章（注明已登账符号"√"）。

（2）账簿中书写的文字和数字上面要留有适当空格，不要写满格；一般应占格距1/2左右，以便发生差错时进行更正。

（3）账簿记录要清晰，防止篡改。

（4）使用规定的笔和墨水，记账的文字和数字要清楚、规范。登记要使用蓝黑墨水、碳素墨水，不得使用圆珠笔或铅笔书写，只有以下情况可以使用红字：①按照红字冲账的记账凭证冲销错误记录；②在不设借贷等栏的多栏式账页中，登记减少数；③在三栏式账户的余额栏前，如未印明余额方向的，在余额栏内登记负数余额。

（5）记账要按页次和行次顺序连续使用账页，不得跳行、隔页，如果发生跳行、隔页，应当将空行、空页划线注销或者注明"此行空白""此页空白"字样，并由记账人员签名或盖章。

（6）要办理账页间的转页手续（过次页、承前页）。

（7）不得任意撕毁，对于活页式账簿也不得任意抽换账页。

（8）按规定方法更正错误。不得采取刮擦、挖补、涂改或使用褪色药水等方法。

13. 错账的更正方法

若登记会计凭证与会计账簿发生错误要按规定方法进行更正，更正方法包括划线更正法、红字更正法、补充登记法等。

划线更正法是指用划线注销原有错误记录，然后在划线上面写上正确记录的一种更正错账的方法。

红字更正法用红字编制一张内容与原来错误的记账凭证完全相同的记账凭证，再用蓝字填制一张正确的凭证，然后将两张记账凭证登记入账。

补充登记法是在原来记账凭证和会计账簿记录的基础上补记或者追加一笔记录以达到更正账簿的目的。

不同的更正方法适用范围不同，详见表 4-1。

表 4-1　错账更正方法

更正方法	适用范围
划线更正法	结账前，记账凭证没有错误，会计账簿错误
红字更正法	记账凭证中借贷科目与方向无误，金额错误且大于应记正确金额
补充登记法	记账凭证中借贷科目与方向无误，金额错误且小于应记正确金额

14．对账

对账是为了保证账簿记录的正确性而对账簿记录进行的核对工作。详见表 4-2。

表 4-2　对账

账证核对	会计账簿与原始凭证、记账凭证核对
账账核对	总账与总账、总账与明细账、总账与日记账、会计部门的财产物资明细账与财产物资保管和使用部门的有关明细账核对
账实核对	会计账簿记录与财物实有数核对

15．结账

结账是指会计期末，将各账户余额结清或结转至下期，使各账户记录工作暂告一段落的过程。通过结账计算出各账户的本期发生额或期末余额，便于编制财务报告。结账按照结账期间的不同，有日结、月结、季结和年结等。结账的程序如下所示。

（1）结账前，必须将本期内所发生的各种经济业务全部登记入账。

（2）计算、登记各种账簿的本期发生额和期末余额。

（3）年度终了，要把各账户的余额结转到下一会计年度，并在摘要栏注明"结转下年"字样；并在下一会计年度的新建有关会计账簿的第一行余额栏内填写上年结转的余额，并注明"上年结转"字样。

（4）结账工作如何展开取决于账户的性质：对实账户，要结出期末余额，并将其转入下一个会计期间，作为下一个会计期间的期初余额；对虚账户，要全部予以结平，编制结账分录。

将所有的收入类账户的本期发生额结转至"本年利润"账户贷方，收入账户自身不再有余额。会计分录如下所示。

借："收入类"账户

　　贷：本年利润

将所有费用类账户的本期发生额结转至"本年利润"账户借方，费用账户自身不再有余额。会计分录如下所示。

借：本年利润

　　贷："费用类"账户

16. 会计账簿的更换与保管

每年年初，总账、日记账与大部分明细账都必须更换新账，少数明细账（如固定资产明细账及卡片）不必更换。更换新账簿的账户，旧账年终余额栏加盖"结转下年"，计入新账年初第一行"上年结转"，不用编制记账凭证。

会计账簿应由专人负责保管，明确保管工作责任，注意日常保管，不得外借，不得携带账簿外出，更换新账簿后，旧账应整理装订，定期归档。

▶4.2　难点、疑点解析◀

1. 原始凭证、记账凭证、会计账簿的联系

会计凭证分为原始凭证与记账凭证。

原始凭证是指在交易或事项发生或完成时从外界往来单位取得或企业内部业务人员填制的、用来证明交易或事项的发生、明确经济责任，并作为记账依据的最初书面证明文件，它是会计核算的重要依据。根据原始凭证分析企业经济业务、登记记账凭证。

记账凭证是会计人员根据审核无误的原始凭证，记载经济业务简要内容，确定会计分录，作为登记会计账簿依据的会计凭证。记账凭证可直接根据原始凭证编制，也可根据原始凭证汇总表编制。记账凭证方便后续登记会计账簿、减少记账差错。

会计账簿是根据审核无误的会计凭证，序时、分类、连续、系统、全面地记录经济业务的簿籍，它是由许多具有专门格式的账页组成的。

因此，原始凭证、记账凭证反映企业的单个经济业务，会计账簿提供连续、系统、全面和综合的会计信息。原始凭证是登记记账凭证的依据，会计凭证是登记会计账簿的依据，会计账簿是编制财务报表的依据。

2. 错账的查找

实务中，会计人员根据借贷记账法的记账规则及数字规律，总结出一些常规错账的查找方法，如下所示。

（1）差数法。按照错账的差数查找是否有与差数相符的经济业务。可能是某笔经济业务只登记了一个方向。

（2）尾数法。对于发生的角、分错误可以只查找尾数部分，看是否有经济业务的金额尾数与差数相同。可能是某笔经济业务的尾数漏登。

（3）除2法。差数除以2之后的金额若不等于某个经济业务的金额，可能是某笔经济业务重复登记在某一方。

（4）除9法。差数除以9之后的金额若不等于某笔经济业务的金额，可能是相邻数字颠倒。

3. 日记账与分类账的联系

日记账又称序时账，按照经济业务发生的时间顺序逐日逐笔登记。分类账是按照账户分类对各项经济业务进行分类登记的账簿，是编制会计报表的主要依据，是整个账簿

体系的主体构成部分。总账根据总分类科目设置，用以记录全部经济业务，提供总括核算资料的账簿。

对于库存现金和银行存款，既要登记日记账又要登记总账。库存现金和银行存款是企业非常重要的流动资产，由于业务频繁，涉及关系重大，非常容易出问题，是企业财产内部控制的重点。因此要坚持内部牵制原则，实现钱账分管。出纳人员分管库存现金和银行存款的所有业务，由出纳人员负责登记库存现金日记账和银行存款日记账，将各种收款、付款凭证交由会计人员登记总分类账和其他相关的明细账。

通过对"库存现金"和"银行存款"的定期实地盘点，做到日清月结，并将总账和日记账定期核对，达到内部控制目的，保证企业库存现金和银行存款的财产安全和账簿记录的真实可靠。

▶4.3　练　习　题◀

一、单选题

1. 领用材料的"领料单"是（　　）。
A. 外来原始凭证　　　　　　　　B. 自制原始凭证
C. 汇总原始凭证　　　　　　　　D. 汇总转账凭证

2. 对于库存现金和银行存款之间相互划转的经济业务，通常（　　）。
A. 不需要编制记账凭证　　　　　B. 需要编制收款凭证
C. 需要编制付款凭证　　　　　　D. 需要编制转账凭证

3. 职工出差回来报销差旅费，退还出差前预借的差旅费，则应编制（　　）。
A. 一张收款凭证和一张付款凭证　B. 一张付款凭证和一张转账凭证
C. 一张转账凭证　　　　　　　　D. 一张收款凭证和一张转账凭证

4. 企业将库存现金存入银行，应填制的记账凭证是（　　）。
A. 银行存款收款凭证　　　　　　B. 现金付款凭证
C. 转账凭证　　　　　　　　　　D. 银行存款收款凭证和库存现金付款凭证

5. 下列原始凭证中，属于累计凭证的是（　　）。
A. 收料单　　　　　　　　　　　B. 发货票
C. 领料单　　　　　　　　　　　D. 限额领料单

6. 下列记账凭证中可以不附原始凭证的是（　　）。
A. 所有收款凭证　　　　　　　　B. 所有付款凭证
C. 所有转账凭证　　　　　　　　D. 用于结账的记账凭证

7. 关于原始凭证的填制，说法不正确的是（　　）。
A. 不得以虚假的交易填制原始凭证
B. 从外单位取得的原始凭证必须盖章
C. 一式多联的原始凭证，只能以一联用作报销凭证

D. 收回职工借款时，可将原借款借据正联退回，不必另开收据

8. 下列属于原始凭证的是（　　）。

A. 银行存款余额调节表　　　　　　B. 购货合同书

C. 银行对账单　　　　　　　　　　D. 实存账存对比表

9. 关于会计凭证的传递与保管，以下说法不正确的是（　　）。

A. 保证会计凭证在传递过程中的安全、及时、准确和完整

B. 要建立会计凭证交接的签收手续

C. 会计凭证记账完毕后，应当按分类和编号装订成册

D. 原始凭证不得外借，也不得复制

10. 填制记账凭证如发现错误，正确的处理方法是（　　）。

A. 划线更正并签名　　　　　　　　B. 划线更正并加盖单位公章

C. 重新填制记账凭证　　　　　　　D. 划线更正并签名加盖单位公章

11. 原始凭证和记账凭证的相同点是（　　）。

A. 编制的时间相同　　　　　　　　B. 反映的经济业务的内容相同

C. 所起的作用相同　　　　　　　　D. 经济责任的当事人相同

12. 企业预提利息费用时，应编制的会计凭证是（　　）。

A. 收款凭证　　　　　　　　　　　B. 付款凭证

C. 转账凭证　　　　　　　　　　　D. 汇总凭证

13. 销售商品 10 万元，当时收到转账支票一张，计 5 万元，余款暂欠，该笔经济业务应编制（　　）。

A. 一张转账凭证和一张收款凭证　　B. 两张转账凭证

C. 一张银行收款凭证　　　　　　　D. 一张收款凭证和一张付款凭证

14. 债权债务明细分类账一般采用（　　）。

A. 多栏式账簿　　　　　　　　　　B. 数量金额式账簿

C. 三栏式账簿　　　　　　　　　　D. 以上三种都可以

15. 收入、费用明细分类账一般采用（　　）。

A. 多栏式账簿　　　　　　　　　　B. 两栏式账簿

C. 三栏式账簿　　　　　　　　　　D. 数量金额式账簿

16. 下列各项中，应设置备查账簿进行登记的是（　　）。

A. 经营性租出的固定资产　　　　　B. 经营性租入固定资产

C. 无形资产　　　　　　　　　　　D. 资本公积

17. 下列明细分类账中，应采用数量金额式账簿的是（　　）。

A. 应收账款明细账　　　　　　　　B. 库存商品明细账

C. 应付账款明细账　　　　　　　　D. 管理费用明细账

18. 下列账簿中，可以采用卡片式账簿的是（　　）。

A. 固定资产总账　　　　　　　　　B. 固定资产明细账

C. 日记总账　　　　　　　　　　　D. 日记账

19. 下列明细分类账中，可以采用三栏式账页格式的是（　　）。

A. 管理费用明细账 　　　　　　B. 原材料明细账

C. 物资采购明细账 　　　　　　D. 应付工资明细账

20. 下列明细分类账，应采用多栏式账页格式的是（　　）。

A. 生产成本明细账 　　　　　　B. 原材料明细账

C. 其他应收款明细账 　　　　　D. 应收账款明细账

21. 下列账簿中，一般情况下不需根据记账凭证登记的账簿是（　　）。

A. 日记账　　　　　B. 总分类账　　　　　C. 备查账　　　　　D. 明细分类账

22. 凡具有统驭作用和一些重要的账簿，如总分类账、现金日记账和银行存款日记账，都应采用（　　）。

A. 卡片式账簿 　　　　　　　　B. 多栏式账簿

C. 订本式账簿 　　　　　　　　D. 活页式账簿

23. 记账人员根据记账凭证登记完毕账簿后，要在记账凭证上注明已记账的符号，主要是为了（　　）。

A. 便于明确记账责任 　　　　　B. 避免错行或隔页

C. 避免重记或漏记 　　　　　　D. 防止凭证丢失

24. 下列账簿中，要求必须逐日结出余额的是（　　）。

A. 现金日记账和银行存款日记账　　B. 债权债务明细账

C. 财产物资明细账 　　　　　　D. 总账

25. 现金日记账和银行存款日记账，每一账页登记完毕结转下页时，结计"过次页"的本页合计数应当为（　　）的发生额合计数。

A. 本页 　　　　　　　　　　　B. 自本月初起至本页末止

C. 本月 　　　　　　　　　　　D. 自本年初起至本页末止

26. 企业销售获得应收账款80万元，在填制记账凭证时，误将金额记为8万元，并已登记入账。结账前发现记账错误，应采用的更正方法是（　　）。

A. 重新编制正确的收款凭证 　　B. 划线更正法

C. 红字更正法 　　　　　　　　D. 补充登记法

27. 试算平衡包括发生额试算平衡和余额试算平衡两种方法，它们的理论依据分别是（　　）。

A. 复式记账原理和账户的结构

B. 复式记账原理和会计等式

C. 借贷记账法的记账规则和账户的结构

D. 借贷记账法的记账规则和会计等式

28. 企业材料总账余额与材料明细账的余额进行核对属于（　　）。

A. 账证核对　　　B. 账账核对　　　C. 账表核对　　　D. 账实核对

29. 企业结账时（　　）。

A. 一定要原始凭证 　　　　　　B. 不需原始凭证

C. 可以要，也可以不要原始凭证　　D. 以上说法都不对

30. 日记账的最大特点是（　　）。

A. 按库存现金和银行存款设置账户

B. 可以提供现金和银行存款的每日发生额

C. 随时逐笔顺序登记现金和银行存款的发生额并逐日结出余额

D. 主要提供现金和银行存款的每日余额

二、多选题

1. 下列文件中，属于自制原始凭证的有（　　）。

A. 限额领料单　　　　　　　　B. 制造费用分配表

C. 发料凭证汇总表　　　　　　D. 销货凭证

2. 属于外来原始凭证是（　　）。

A. 从企业外部取得的　　　　　B. 由本企业会计人员填制的

C. 一次凭证　　　　　　　　　D. 加盖填制单位公章

E. 由本企业会计主管签字

3. 记账凭证填制的依据是（　　）。

A. 收款凭证　　　B. 付款凭证　　　C. 原始凭证　　　D. 原始凭证汇总表

E. 结账等账簿资料

4. 按照惯例，下列各科目可能属于收款凭证的贷方科目的有（　　）。

A. 库存现金　　　B. 银行存款　　　C. 主营业务收入　　　D. 应收账款

E. 其他应收款

5. 下列账簿可以采用三栏式的有（　　）。

A. 原材料明细账　　　　　　　B. 现金日记账

C. 应收账款明细账　　　　　　D. 材料采购明细账

E. 银行存款日记账

6. 银行存款日记账可以分别属于（　　）。

A. 序时账簿　　　　　　　　　B. 订本式账簿

C. 三栏式账簿　　　　　　　　D. 多栏式账簿

E. 分类账簿

7. 明细账的登记依据是（　　）。

A. 转账凭证　　　　　　　　　B. 原始凭证汇总表

C. 收款凭证　　　　　　　　　D. 付款凭证

E. 原始凭证

8. 明细分类账户与总分类账户的主要区别是（　　）。

A. 账户登记的依据不同　　　　B. 采用的量度不同

C. 所起的作用不同　　　　　　D. 最终的结果不同

E. 反映会计资料的详简程度不同

9. 专用记账凭证分为（　　）。

A. 收款凭证　　　　B. 冲销凭证　　　　C. 付款凭证　　　　D. 转账凭证

10. 填制和审核会计凭证的意义是（　　）。

A. 记录经济业务，提供记账依据

B. 监督经济活动，控制经济运行

C. 明确经济责任，强化内部控制

D. 增加企业盈利，提高竞争能力

11. 对原始凭证审核的内容有（　　）。

A. 真实性　　　　B. 合理性　　　　C. 及时性　　　　D. 重要性

12. 对外来原始凭证进行真实性审核的内容包括（　　）。

A. 是否盖本单位公章　　　　　　B. 经济业务的内容是否真实

C. 填制凭证的日期是否真实　　　　D. 填制单位的公章和填制人的签章是否齐全

13. 原始凭证的合法性包括（　　）。

A. 符合国家法律法规　　　　　　B. 符合规定的审批权限

C. 有总经理的核准签字　　　　　　D. 履行了规定的凭证传递和审批程序

14. 下列属于原始凭证的有（　　）。

A. 制造费用分配表　　　　　　　B. 工资分配表

C. 银行收款通知单　　　　　　　D. 银行对账单

15. 下列各项中属于记账凭证应具备的基本内容的是（　　）。

A. 经济业务的内容摘要　　　　　B. 接收凭证单位的全称

C. 经济业务的数量　　　　　　　D. 经济业务所涉及的会计科目和金额

16. 下列各项中属于记账凭证审核内容的有（　　）。

A. 使用的会计科目是否正确　　　B. 所附原始凭证的内容是否相符

C. 记账方向和金额是否正确　　　D. 书写是否符合要求

17. 关于会计账簿的意义，下列说法正确的有（　　）。

A. 通过账簿的设置和登记，记载、储存会计信息

B. 通过账簿的设置和登记，分类、汇总会计信息

C. 通过账簿的设置和登记，检查、校正会计信息

D. 通过账簿的设置和登记，编报、输出会计信息

18. 可采用三栏式的账有（　　）。

A. 应收账款明细账　　　　　　　B. 预提费用明细账

C. 管理费用明细账　　　　　　　D. 应付账款明细账

19. 下列账簿中，应采用多栏式账簿的有（　　）。

A. 管理费用明细账　　　　　　　B. 生产成本明细账

C. 应收账款明细账　　　　　　　D. 其他应收款——备用金明细账

20. 下列账簿中，应采用数量金额式账簿的有（　　）。

A. 应收账款明细账　　　　　　　B. 原材料明细账

C. 库存商品明细账　　　　　　　D. 固定资产明细账

21. 下列错账更正方法中，可用于更正因记账凭证错误而导致账簿记录错误的方法有（　　）。
　　A. 划线更正法　　　　　　　　B. 差数核对法
　　C. 红字更正法　　　　　　　　D. 补充登记法

22. 下列对账工作中，属于账账核对的有（　　）。
　　A. 银行存款日记账与银行对账单的核对
　　B. 总账账户与所属明细账户的核对
　　C. 应收款项明细账与债务人账项的核对
　　D. 会计部门的财产物资明细账与财产物资保管，使用部门明细账的核对

23. 账实核对的主要内容包括（　　）。
　　A. 现金日记账账面余额与现金实际库存数核对
　　B. 固定资产明细账的固定资产数与固定资产实物核对
　　C. 财产物资明细账账面结存数与财产物资实存数核对
　　D. 原材料总账账面余额与原材料明细账账面余额核对

24. 关于结账，以下说法中正确的有（　　）。
　　A. 总账账户应按月结出本月发生额和月末余额
　　B. 现金日记账应按月结出本月发生额和月末余额
　　C. 应收账款明细账应在每次记账后随时结出余额
　　D. 年终应将所有总账账户结计全年发生额和年末余额

25. 在账务处理中，可用红色墨水的情况有（　　）。
　　A. 过次页账　　　　　　　　　B. 冲账
　　C. 账簿期末结账划线　　　　　D. 结账分录

26. 下列各账户中，需要在年末将余额过入下一年开设的新账中的是（　　）。
　　A. 管理费用　　B. 银行存款　　C. 固定资产　　D. 生产成本

27. 下列符合登记账簿要求的有（　　）。
　　A. 可以用圆珠笔记账　　　　　B. 应按页逐行登记，不得隔页跳行
　　C. 日记账要逐笔逐日登记　　　D. 所有账簿都应逐笔逐日登记

28. 下列已经入账的错误，试算表不能发现的有（　　）。
　　A. 销售时，借记"库存现金"900 元，贷记"应收账款"900 元
　　B. 在将 700 元的管理费用过账时，误记为 70 元
　　C. 对赊购价值 120 元办公用品的记录如下：借记"管理费用" 210 元，贷记"应付账款"210 元
　　D. 偿还 4 000 元的应付账款时，借记"办公用品"，贷记"应付账款"

三、业务题

某企业 20×2 年 7 月 31 日银行存款日记账余额为 300 000 元；现金日记账的余额为 3 000 元。8 月上旬发生下列银行存款和现金收付业务。

①1 日，投资者投入现金 25 000 元，存入银行（银收 801 号）。

②1 日，以银行存款 10 000 元归还短期借款（银付 801 号）。

③2 日，以银行存款 20 000 元偿付应付账款（银付 802 号）。

④2 日，以现金 1 000 元存入银行（现付 801 号）。

⑤3 日，用现金暂付职工差旅费 800 元（现付 802 号）。

⑥3 日，从银行提取现金 2 000 元备用（银付 803 号）。

⑦4 日，收到应收账款 50 000 元存入银行（银收 802 号）。

⑧5 日，以银行存款 40 000 元支付购买材料款（银付 804 号）。

⑨5 日，以银行存款 1 000 元支付购入材料运费（银付 805 号）。

⑩6 日，从银行提取现金 18 000 元，准备发放工资（银付 806 号）。

⑪6 日，用现金 18 000 元发放职工工资（现付 803 号）。

⑫7 日，以银行存款支付本月电费 1 800 元（银付 807 号）。

⑬8 日，销售产品一批，货款 51 750 元存入银行（银收 803 号）。

⑭9 日，用银行存款支付销售费用 410 元（银付 808 号）。

⑮10 日，用银行存款上交销售税金 3 500 元（银付 809 号）。

登记现金日记账和银行存款日记账，并结出 10 日的累计余额。

四、案例分析题

王同学毕业后应聘一家小企业，发现以下几个现象：

（1）公司的采购经理出差回来到财务报销费用，发现飞机票丢失，于是采购经理自己写了证明，就报销了。类似的情况还不少，许多记账凭证所附的原始凭证与凭证所注张数不符；

（2）公司的所有账簿都采用活页账，因为这样方便修改和平时记账；

（3）公司的往来账簿都是采用抽单核对的方法，直接用往来会计凭证记账，不再记账；

（4）发现记账凭证错误，直接用红笔更正，记账人员签字；

（5）由于公司人员紧张，经理要求她负责登记现金总账和出纳工作。

结合本章知识，应该如何评价这些现象？

▶4.4　参　考　答　案◀

一、单选题

（1~5）　B　C　D　B　D

（6~10）　D　D　D　D　C

（11~15）　B　C　A　C　A

（16~20）B　　B　　B　　D　　A
（21~25）C　　C　　C　　A　　B
（26~30）D　　D　　B　　B　　C

二、多选题

1. ABCD　　2. ACD　　3. CD　　4. CDE　　5. BCE
6. ABC　　7. ABCDE　　8. ACE　　9. ACD　　10. ABC
11. ABC　　12. BCD　　13. ABD　　14. ABC　　15. AD
16. ABCD　　17. ABCD　　18. ABD　　19. AB　　20. BC
21. CD　　22. ABCD　　23. ABC　　24. ABD　　25. BC
26. BCD　　27. BC　　28. ACD

三、业务题

现金日记账

20×2年		凭证		摘要	对方科目	借方/元	贷方/元	余额/元
月	日	字	号					
8	1			期初余额				3 000
	2	现付	801	现金存款	银行存款		1 000	2 000
	3	现付	802	暂付职工差旅费	其他应收款		800	1 200
	3	银付	803	提现	银行存款	2 000		3 200
	6	银付	806	提现	银行存款	18 000		21 200
	6	现付	803	发放职工工资	应付职工薪酬		18 000	3 200
	10			本月合计		20 000	19 800	3 200

银行存款日记账

20×2年		凭证		摘要	对方科目	借方/元	贷方/元	余额/元
月	日	字	号					
8	1			期初余额				300 000
	1	银收	801	收到投资者投入资金	实收资本	25 000		325 000
	1	银付	801	归还短期借款	短期借款		10 000	315 000
	2	银付	802	归还应付账款	应付账款		20 000	295 000
	2	现付	801	现金存款	库存现金	1 000		296 000
	3	银付	803	提取备用金	库存现金		2 000	294 000
	4	银收	802	收到应收款	应收账款	50 000		344 000
	5	银付	804	支付购买材料款	在途物资		40 000	304 000

续表

20×2年		凭证		摘要	对方科目	借方/元	贷方/元	余额/元
月	日	字	号					
	5	银付	805	支付材料运费	在途物资		1 000	303 000
	6	银付	806	提现	库存现金		18 000	285 000
	7	银付	807	支付本月电费	管理费用		1 800	283 200
	8	银收	803	销售产品收入	主营业务收入	51 750		334 950
	9	银付	808	支付销售费用	销售费用		410	334 540
	10	银付	809	上交销售税金	应交税费		3 500	331 040
本月合计						127 750	96 710	331 040

四、案例分析题

（1）财务人员填制记账凭证必须以审核无误的原始凭证作为依据。原始凭证是用来证明交易或事项的发生、明确经济责任，具有法律效力，并作为记账依据的最初书面证明文件，它是会计核算的重要依据。外来原始凭证必须盖有填制单位的公章。采购经理自己写的证明，财务人员无法确定机票的真实价格，无法确定记账金额，因此不能作为记账的依据。如果采购经理能够取得航空公司的证明并加盖航空公司的印章，这样能够证明机票的金额和真实性，记账人员才能据此记账，保证会计信息的真实、可靠。记账凭证上所附的原始凭证是记账的依据，一定不能缺失。

（2）会计账簿有订本式、活页式和卡片式。活页式由若干零散的具有专门格式的账页组成，方便修改和记账，有利于分工记账，提高登记账簿的工作效率。但是账页容易丢失或被抽换，不利于账簿资料安全完整。一般应用于各种明细分类账。

卡片式的账簿是由若干零散的具有专门格式的卡片组成，放置于固定的卡片箱中。有利于分工记账，但同样账页容易丢失或被抽换，不利于账簿资料安全完整，在实务中，每张卡片应有编号及有关人员的盖章，卡片箱由专人保管。登记固定资产明细账常采用卡片式。

订本式账簿是把具有专门格式的账页按照页码先后顺序固定装订在一起的账簿。这种账簿能够避免账页散失，防止抽换账页。其主要缺点是账页数量及位置固定，不利于分工记账。但是重要的经济事项的记录要使用订本式账簿，库存现金和银行存款是企业非常重要的资产，因此从内部控制出发，总账、库存现金日记账、银行存款日记账必须采用订本式。

（3）会计凭证的信息是分散的，不系统的，因此要把分散在会计凭证中的大量核算资料集中归类反映就必须设置和登记会计账簿。会计账簿是根据审核无误的会计凭证，序时、分类、连续、系统、全面地记录经济业务的簿籍，它是由许多具有专门格式的账页组成的。会计账簿有十分重要的作用，包括提供连续、系统、全面、综合会计信息，通过反映财产物资增减、结存，保护企业财产的安全和完整，通过反映耗费与收人，为考核提供依据，加强岗位责任，同时为编制会计报表和进行会计检查提供依据。因此，会计凭证要登记入账，不可单凭会计凭证控制。

（4）账簿记录发生错误时，不得涂改、挖补、刮擦或用药水消除字迹，不得重新抄写，必须按照正确方法进行更正，更正错账的方法根据错账的内容不同有划线更正法、红字更正法和补充登记法。记账凭证不得更正。

（5）会计工作岗位，可以一人一岗、一人多岗或者一岗多人。无论如何分工，在确定岗位时，应贯彻内部牵制原则，不相容的业务不得由同一会计人员执行，落实钱、账、物分管制度。出纳人员不得兼管稽核、会计档案保管和收入、支出、费用、债权债务账目的登记工作。

库存现金和银行存款是企业重要的资产，同时日常控制很容易出问题，因此，为了加强内部控制必须坚持内部牵制原则，出纳人员不得负责登记现金日记账和银行存款日记账以外的其他账簿，出纳人员登记现金日记账和银行日记账后将各种收、付款凭证交给会计人员登记相关的总分类账和明细账。

因此，该企业的内部控制存在明显的问题，王同学应该考虑自己面临的职业风险，如果企业不改变现状，王同学应该尽快离职。

▶4.5　思考讨论题◀

《我的助理辞职了》部分段落
——2013 年中国平安金融集团总经理任汇川在新浪微博上发表的文章

当时公司招了大批应届本科和研究生毕业的新新人类，平均年龄 25 岁。那个新的助理，是经过多次面试后，我亲自招回来的一个女孩。名牌大学本科毕业，聪明，性格活泼。私下里我得承认，我招她的一个很重要的原因，除了她在大学里优秀的表现之外，还因为她写了一手漂亮的字。女孩能写一手好字的不多，尤其像她，看起来长发飘飘，多么女性化的一个姑娘，一手字却写得铿锵遒劲，让我对她不由多了很多好感。

手把手地教，从工作流程到待人接物。她也学得快，很多工作一教就上手，一上手就熟练，跟各位同事也相处得颇融洽。我开始慢慢地给她一些协调的工作，各部门之间以及各分公司之间的业务联系和沟通让她尝试着去处理。开始经常出错，她很紧张，来找我谈。我告诉她：错了没关系，你且放心按照你的想法去做。遇到问题了，来问我，我会告诉你该怎么办。仍然错，又来找我，这次谈得比较深入——她的困惑是，为什么总是让她做这些琐碎的事情？我当时问她：什么叫作不琐碎的工作呢？她答不上来，想了半天，跟我说：我总觉得，我的能力不仅仅能做这些，我还能做一些更加重要的事情。那次谈话，进行了 1 小时。我知道，我说的话，她没听进去多少。后来我说，先把手头的工作做好，先避免常识性错误的发生。然后循序渐进。

　　半年以后，她来找我，第一次提出辞职。我推掉了约会，跟她谈辞职的问题。问起辞职的原因，她跟我直言：本科四年，功课优秀，没想到毕业后找到了工作，却每天处理的都是些琐碎的事情，没有成就感。我又问她：你觉得，在你现在所有的工作中，最没有意义的最浪费你的时间精力的工作，是什么？她马上答我：帮您贴发票，然后报销，然后到财务去走流程，然后把现金拿回来给您。

　　我笑着问她：你帮我贴发票报销有半年了吧？通过这件事儿，你总结出了一些什么信息？

　　她呆了半天，答我：贴发票就是贴发票，只要财务上不出错，不就行了呗，能有什么信息？

　　我说，我来跟你讲讲，当年我的做法吧。1998 年的时候，我从财务被调到了总经理办公室，担任总经理助理的工作。其中有一项工作，就是跟你现在做的一样，帮总经理报销他所有的票据。本来这个工作就像你刚才说的，把票据贴好，然后完成财务上的流程就可以了。其实票据是一种数据记录，它记录了和总经理乃至整个公司营运有关的费用情况。看起来没有意义的一堆数据，其实它们涉及公司各方面的经营和运作。于是我建立了一个表格，将所有总经理在我这里报销的数据按照时间，数额，消费场所，联系人，电话等等记录下来。我起初建立这个表格的目的很简单，我是想在财务上有据可循，同时万一我的上司有情况来询问我的时候，我会有准确的数据告诉他。通过这样的一份数据统计，渐渐地我发现了一些上级在商务活动中的规律，比如，哪一类的商务活动，经常在什么样的场合，费用预算大概是多少；总经理的公共关系常规和非常规的处理方式，等等等等。当我的上级发现，他布置工作给我的时候，我会处理得很妥帖。有一些信息是他根本没有告诉我的，我也能及时准确地处理。他问我为什么，我告诉了他我的工作方法和信息来源。渐渐地，他基于这种良性积累，越来越多地交代更加重要的工作；再渐渐地，一种信任和默契就此产生，我升职的时候，他说我是他用过的最好用的助理。

　　◎　请结合本章所学知识以及会计的职能作用，理解会计凭证的含义与作用和会计的作用。

第5章　内部控制与财产清查

📖 内容框架

内部控制的概念和发展历程；我国内部控制规范体系的建立和发展；我国内部控制基本规范的内容；财产清查的概念、意义和种类；财产物资盘存制度；财产清查办法及清查结果的账务处理；银行存款余额调整表的编制。

▶5.1　学　习　指　导◀

1. 内部控制的定义与目标

我国 2008 年颁布的《企业内部控制基本规范》明确了内部控制的定义与目标，具体内容见表 5-1。

表 5-1　内部控制的定义与目标

定义	目标
由企业董事会、监事会、经理层和全体员工共同实施的、旨在实现控制目标的过程	合理保证企业经营管理合法合规
	合理保证资产安全
	合理保证财务报告及相关信息真实完整
	提高经营效率和效果
	促进企业实现发展战略

2. 内部控制的发展历程

根据内部控制理论与实践的发展历程，可将其划分为以下五个主要阶段，如表 5-2 所示。

表 5-2　内部控制发展历程

公元前 3600 年左右至 20 世纪初	内部牵制
20 世纪 40 年代到 70 年代初	内部控制制度
20 世纪 80 年代	内部控制结构
20 世纪 90 年代	内部控制整合框架
21 世纪以来	风险管理框架

3. 我国内部控制规范体系

我国不断发布与完善内部控制相关法规体系，主要法规介绍见表 5-3。

表 5-3　我国内部控制主要法规

法规名称	主要内容
《企业内部控制基本规范》	内部控制的基本目标、基本要素、基本原则和总体要求
《企业内部控制应用指引》	18 项具体指引：组织架构、发展战略、人力资源、社会责任、企业文化、资金活动、采购业务、资产管理、销售业务、研究与开发、工程项目、担保业务、业务外包、财务报告、全面预算、合同管理、内部信息传递、信息系统
《企业内部控制评价指引》	评价指引是为企业管理层对本企业内部控制有效性进行自我评价提供指引
《企业内部控制审计指引》	审计指引是注册会计师和会计师事务所执行内部控制审计业务的执业准则

4. 财产清查的定义及种类

财产清查是指通过实地盘点、核对、查询等清查方法，确定各项财产物资、货币资金和债权债务的实际结存数，并与账面结存数核对，以查明账实是否相符的一种会计核算专门方法。财产清查的分类见图 5-1。

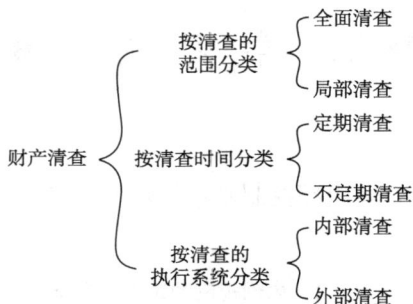

图 5-1　财产清查分类

5. 账实不符的原因

（1）财产物资在运输、保管和收发过程中发生自然损耗、销蚀、升重等现象。

（2）在财产物资收发过程中由于计量、计算、检验不准确而发生的差错。

（3）在财产物资发生增减变动时，没有及时填制凭证、登记账簿或者在填制凭证和登记账簿时发生了计算上或登记上的错误。

（4）管理不善或工作人员失职造成的差错。

（5）不法分子贪污盗窃、营私舞弊等造成的财产物资的损失。

（6）自然灾害或非常事件造成的财产物资的损失。

（7）未达账项引起的账账不符、账实不符等。

6. 财产清查的意义

（1）保证财产的安全完整。

（2）保证会计资料的真实可靠。

（3）挖掘财产物资的潜力，改善经营管理。

（4）监督检查企业内部控制制度是否得到有效执行，保证财经纪律和结算制度的贯彻执行。

7. 财产清查的盘存制度

财产清查的重要环节是盘点财产物资，确定财产物资的实存数量。在实际工作中，财产物资的盘存制度有永续盘存制和实地盘存制两种，详见表 5-4。

表 5-4 企业盘存制度

种类	永续盘存制	实地盘存制
定义	按存货的品种规格逐一设明细账，逐笔登记收入和发出数量，随时记列其结存数量的一种存货核算方法	期末通过盘点来确定存货的数量，据以计算库存品成本和发出（销售或耗用）成本的一种方法
特征	平时，账面上既记存货收入的数量与金额，又记存货发出的数量与金额	平时账面上只记录存货收入的数量与金额，而不记存货发出的数量与金额
期末盘点	严格的永续盘存制期末不进行盘点，期末存货结存数额通过账面记录计算 期末存货=期初存货+本期购货−本期发出存货	定期对存货数量进行实地盘点，以确定期末存货的结存数额 本期发出存货=期初存货+本期购货−期末存货
优缺点	永续盘存制便于随时掌握财产的占用情况及动态，有利于加强财产管理和会计监督。但是资产的明细分类核算工作量较大，需要较多的人力和费用	实地盘存制在控制财产的减少上缺乏严密手续；倒轧的各项财产的减少数中可能存在一些非正常因素，不便于会计监督
适用范围	大多数企业	实地盘存制适用于小型企业、经营鲜活商品的零售企业，以及品种规格多单位价值低而收发变动又很频繁的财务

8. 财产清查的方法与应用

不同财产物资使用的财产清查方法不同，财产清查方法与应用如表 5-5 所示。

表 5-5 财产清查方法与应用

清查项目	清查方法	清查结果的处理，调整账存数先计入"待处理财产损溢"，批准后转出	
		盘盈	盘亏
库存现金	实地盘点法	营业外收入	管理费用
银行存款	银行存款日记账与开户银行核对账目	未达账项，编制银行存款余额调节表	
存货	实地盘点法、技术推算法	管理费用	管理费用、其他应收款、营业外支出
固定资产	实地盘点法	以前年度损益调整	营业外支出
往来款项	询证核对法	营业外收入	信用减值损失

9. 银行存款余额调节表

企业对银行存款进行财产清查，如果存在未达账项，需要编制银行存款余额调节表。未达账项是指企业或银行的一方已经收到凭证入账，另一方由于凭证传递时间的影响而未能入账的款项。补记式的银行存款余额调节表以企业和银行当前的账面余额为起点，加上对方已入账但本单位尚未入账的收入款项，减去对方已入账但本单位尚未入账的支出款项，得到双方各自调整后的余额（银行存款的真实余额），并核对是否相符。银行存款余额调节表见表 5-6。

表 5-6　银行存款余额调节表

项目	余额	项目	余额
企业银行存款日记账余额		银行对账单余额	
加：银行已收、企业未收		加：企业已收、银行未收	
减：银行已付、企业未付		减：企业已付、银行未付	
调节后的日记账存款余额		调节后的对账单存款余额	

10. 库存现金盘盈和盘亏的账务处理

对财产清查后发现的库存现金盘盈、盘亏结果要查明原因，根据不同原因进行相关会计处理，详见表 5-7。

表 5-7　库存现金盘点结果处理

库存现金短缺		查明原因前	借：待处理财产损溢——待处理流动资产损溢 贷：库存现金
	查明原因后	由负责人或保险公司赔偿	借：其他应收款 贷：待处理财产损溢——待处理流动资产损溢
		无法查明原因	借：管理费用 贷：待处理财产损溢——待处理流动资产损溢
库存现金溢余		查明原因前	借：库存现金 贷：待处理财产损溢——待处理流动资产损溢
	查明原因后	应付给有关人员或企业	借：待处理财产损溢——待处理流动资产损溢 贷：其他应付款
		无法查明原因	借：待处理财产损溢——待处理流动资产损溢 贷：营业外收入

11. 存货盘盈和盘亏的账务处理

对财产清查后发现的存货盘盈、盘亏结果要查明原因，根据不同原因进行相关会计处理，详见表 5-8。

表 5-8　存货盘点结果处理

存货盘亏		查明原因前	借：待处理财产损溢——待处理流动资产损溢 贷：原材料（库存商品等）
	查明原因后	属于定额内损耗	借：管理费用 贷：待处理财产损溢——待处理流动资产损溢
		属于计量收发错误和管理不善	借：其他应收款 　　原材料（收回残料） 　　银行存款（残料变现） 　　管理费用（借贷方差额，存货盘亏的净损失转出） 贷：待处理财产损溢——待处理流动资产损溢 　　应交税费——应交增值税（进项税额转出）
		属于自然灾害或意外事故	借：其他应收款 　　原材料（收回残料） 　　银行存款（残料变现） 　　营业外支出（借贷方差额，存货盘亏的净损失转出） 贷：待处理财产损溢——待处理流动资产损溢 　　应交税费——应交增值税（进项税额转出）

续表

存货盘盈	查明原因前	借：原材料（库存商品等） 　　贷：待处理财产损溢——待处理流动资产损溢
	查明原因后	借：待处理财产损溢——待处理流动资产损溢 　　贷：管理费用

12. 固定资产盘盈和盘亏的账务处理

对财产清查后发现的固定资产盘盈、盘亏结果要查明原因，根据不同原因进行相关会计处理，详见表 5-9。

表 5-9　固定资产盘点结果处理

固定资产盘亏	查明原因前	借：待处理财产损溢——待处理固定资产损溢 　　累计折旧 　　固定资产减值准备 　　贷：固定资产
	查明原因后	借：其他应收款——应收保险赔偿款 　　银行存款（变现收入） 　　营业外支出（净损失） 　　贷：待处理财产损溢——待处理固定资产损溢
固定资产盘盈	调整以前年度损益	借：固定资产 　　贷：以前年度损益调整 　　累计折旧
	调整所得税	借：以前年度损益调整 　　贷：应交税费——应交所得税
	补提盈余公积	借：以前年度损益调整 　　贷：盈余公积
	结转以前年度损益调整	借：以前年度损益调整 　　贷：利润分配——未分配利润

13. 应收账款和应付账款盘盈和盘亏的账务处理

往来账款包括各种应收、应付、预收、预付款，根据"往来账款对账单（询证函）"进行清查，如有未达账项，编制往来账款余额调节表；如有无法收回的应收款（坏账）和无法支付的应付款，应及时进行账务处理。应收账款和应付账款盘点结果处理见表 5-10。

表 5-10　应收账款和应付账款盘点结果处理

应收账款的坏账损失	直接转销法		借：信用减值损失 　　贷：应收账款
	备抵法	期末计提坏账准备	借：信用减值损失 　　贷：坏账准备
		实际发生坏账	借：坏账准备 　　贷：应收账款
		已确认的坏账又收回	借：应收账款 　　贷：坏账准备 借：银行存款 　　贷：应收账款
		冲减多计提的坏账准备	借：坏账准备 　　贷：信用减值损失

续表

应付账款无法支付	借：应付账款 　　贷：营业外支出

▶5.2　练　习　题◀

一、单选题

1. 对于各项财产的增减变动，根据会计凭证连续记载并随时结出余额的盘存制度是（　　）。

　　A. 实地盘存制　　　　　　　　　B. 应收应付制
　　C. 永续盘存制　　　　　　　　　D. 现金制

2. 对于财产清查中所发现的财产物资盘盈、盘亏和毁损，财会部门进行账务处理依据的原始凭证是（　　）。

　　A. 银行存款余额调节表　　　　　B. 实存账存对比表
　　C. 银行对账单　　　　　　　　　D. 入库单

3. 下列凭证中，不可以作为记账原始依据的是（　　）。

　　A. 发货票　　　　　　　　　　　B. 银行存款余额调节表
　　C. 收料单　　　　　　　　　　　D. 差旅费报销单

4. 银行存款的财产清查的方法是（　　）。

　　A. 抽查盘点　　　　　　　　　　B. 技术推算
　　C. 核对账目　　　　　　　　　　D. 实地盘点

5. 企业本期末银行存款日记账余额为 600 450 元，银行送来的对账单余额为 608 955 元，经对未达账项调节后的余额为 600 825 元，则该企业在银行的实有存款是（　　）元。

　　A. 600 450　　　　B. 600 825　　　　C. 608 955　　　　D. 不能确定

6. 在记账无误的情况下，银行对账单与银行存款日记账账面余额不一致的原因是（　　）。

　　A. 存在应付账款　　　　　　　　B. 存在应收账款
　　C. 存在外埠存款　　　　　　　　D. 存在未达账项

7. 下列项目的清查应采用向有关单位发函询证核对账目的方法的是（　　）。

　　A. 原材料　　　B. 应收账款　　　C. 实收资本　　　D. 短期投资

8. 下列财产物资中，可以采用技术推算法进行清查的是（　　）。

　　A. 现金　　　　　　　　　　　　B. 固定资产
　　C. 煤炭等大宗物资　　　　　　　D. 应收账款

9. 下列情况中，适合采用局部清查的方法进行财产清查的是（　　）。

　　A. 年终决算时　　　　　　　　　B. 进行清产核资时

C. 企业合并时　　　　　　　　　D. 现金和银行存款的清查

10. 当企业合并时应采用（　　）。

　　A. 全面清查　　　B. 局部清查　　　C. 定期清查　　　D. 实地清查

11. 月末编制银行存款余额调节表时，对企业开出支票 1 000 元，持票人尚未向银行兑现的业务，企业应（　　）。

　　A. 借记银行存款 1 000 元　　　　B. 贷记银行存款 1 000 元

　　C. 贷记应付账款 1 000 元　　　　D. 不作会计分录

12. 盘盈的固定资产一般应作为（　　）处理。

　　A. 营业外收入　　　　　　　　　B. 以前年度损益调整

　　C. 冲减管理费用　　　　　　　　D. 投资收益

13. 企业的银行存款日记账余额为 1 000 元，经与银行对账单核对，有银行代收票据款 300 元及银行手续费 3 元尚未入账，另外，企业所开现金支票 50 元，银行尚未兑现，则企业实有的银行存款余额为（　　）元。

　　A. 1 000　　　　　　B. 1 297　　　　　　C. 1 303　　　　　　D. 1 347

14. 某企业发生火灾，对灾后受损的财产物资进行的清查，属于（　　）。

　　A. 局部清查和不定期清查　　　　B. 全面清查和定期清查

　　C. 局部清查和定期清查　　　　　D. 全面清查和不定期清查

15. 某企业本期盘亏的材料已查明原因，属于意外损失，批准处理时应编制的会计分录是（　　）。

　　A. 借：待处理财产损溢　　　　　B. 借：原材料
　　　　　贷：原材料　　　　　　　　　　　贷：待处理财产损溢

　　C. 借：管理费用　　　　　　　　D. 借：营业外支出
　　　　　贷：待处理财产损溢　　　　　　　贷：待处理财产损溢

16. 关于"待处理财产损溢"账户，说法正确的是（　　）。

　　A. 属于成本类账户　　　　　　　B. 可按照资产种类和项目设置明细账

　　C. 属于盘存类账户　　　　　　　D. 属于所有者权益类账户

17. "待处理财产损溢"账户的贷方发生额表示（　　）。

　　A. 发生的待处理财产盘亏　　　　B. 批准处理的待处理财产盘盈

　　C. 发生的待处理财产毁损　　　　D. 批准处理的待处理财产盘亏

18. 采用实地盘存制，平时对财产物资账簿的登记方法应该是（　　）。

　　A. 只登记增加，不登记减少　　　B. 只登记增加，随时倒挤计算出减少

　　C. 既登记增加，又登记减少　　　D. 只登记减少，不登记增加

19. 财产清查中发现的存货盘亏应由保险公司赔偿的，应计入（　　）。

　　A. 营业外支出　　　　　　　　　B. 管理费用

　　C. 其他应收款　　　　　　　　　D. 生产成本

20. 财产清查中发现的存货盘亏是由于管理不善造成的，应计入（　　）。

　　A. 营业外支出　　　　　　　　　B. 管理费用

　　C. 其他应收款　　　　　　　　　D. 生产成本

二、多选题

1. 我国企业内部控制手段应用指引主要包括（　　）。

A. 全面预算　　　B. 合同管理　　　C. 内部信息传递　　　D. 信息系统

2. 以下哪些属于内部控制的基本原则（　　）。

A. 全面性　　　B 重要性　　　C. 制衡性　　　D 适应性

E. 成本效益原则

3. 内部控制的目标包括（　　）。

A. 合理保证企业经营管理合法合规

B. 合理保证资产安全

C. 合理保证财务报告及相关信息真实完整

D. 提高经营效率和效果

E. 促进企业实现发展战略

4. 我国企业内部控制基本规范规定的内部控制要素包括（　　）。

A. 内部环境　　　B. 风险评估　　　C. 控制活动　　　D. 信息与沟通

E. 内部监督

5. 财产清查可以起到的作用是（　　）。

A. 保证会计资料真实可靠　　　B. 保证财经纪律和结算制度的贯彻执行

C. 挖掘财产潜力，改善经营管理　　　D. 保证财产安全完整

6. 以下情况适用全面清查的有（　　）。

A. 年终决算前，为确保年报的真实性

B. 企业撤销，合并或改变隶属关系

C. 清产核资时

D. 主要负责人调离现任工作岗位

E. 中外合资，国内联营

7. 永续盘存制与实地盘存制的区别有（　　）。

A. 财产物资在账簿中的记录方法不同

B. 永续盘存制期末不需要进行财产清查

C. 实地盘存制不需要登记账簿

D. 永续盘存制与实地盘存制适用范围不同

8. 财产清查中查明的各种流动资产盘亏或毁损数，根据不同的原因，报经批准后可能列入的账户有（　　）。

A. 管理费用　　　　　　　　B. 营业外收入

C. 营业外支出　　　　　　　D. 其他应收款

9. 实物财产清查常用的方法有（　　）。

A. 实地盘点法　　　　　　　B. 抽查盘点法

C. 技术推算盘点法　　　　　D. 核对账目法

10. 不定期清查一般是在（　　）时进行。

A. 季末结账　　　　　　　　　B. 月末结账

C. 更换财产物资保管人员　　　D. 发生意外灾害等非常损失

11. 下列可作为原始凭证，据以调整账簿记录的有（　　）。

A. 现金盘点报告表　　　　　　B. 银行存款余额调节表

C. 盘存单　　　　　　　　　　D. 实存账存对比表

12. 下列各项中，应采用实地盘点法进行清查的有（　　）。

A. 固定资产　　　B. 库存商品　　　C. 银行存款　　　D. 现金

13. 属于企业未达账项有（　　）。

A. 企业已收，银行未收　　　　B. 企业已付，银行未付

C. 银行已收，企业未收　　　　D. 银行已付，企业未付

14. "待处理财产损溢"账户的借方反映（　　）。

A. 发生的待处理财产损失　　　B. 批准处理待处理财产损失

C. 发生的待处理财产盘盈　　　D. 批准处理待处理财产盘盈

15. 造成账实不符可能的原因有（　　）。

A. 财产物资的自然损耗　　　　B. 财产物资收发的计量错误

C. 财产物资的毁损　　　　　　D. 账簿的漏记、重记

16. 永续盘存制的主要优点有（　　）。

A. 既记录财产物资的增加，又记录其减少

B. 能随时结出账面余额

C. 便于加强企业财产物资的管理

D. 只记录增加，不记录减少

17. 实地盘存制的缺点有（　　）。

A. 不便于加强存货的管理　　　B. 不能随时结出账户的账面余额

C. 记账工作过于烦琐　　　　　D. 不适用于大宗材料的管理

18. 下列关于账实不符说法错误的是（　　）。

A. 账实不符是财产管理不善或会计人员水平不高的结果

B. 财产清查如果账实不符，说明记账肯定出现了差错

C. 银行存款账实不符肯定是因为存在未达账项

D. 账实不符时，不能根据账簿资料编制会计报表

19. 关于财产清查结果的处理错误的是（　　）。

A. 属于计提收发差错和管理不善等造成的存货短缺或毁损，应先扣除残料价值、可以收回的保险赔偿和过失人的赔偿，然后将净损失记入营业外支出

B. 固定资产出售、报废、毁损及盘亏，均应通过"固定资产清理"科目，计算出处置固定资产的净损益后，转入本年利润

C. 对无法支付的应付款项经批准后，直接冲减管理费用

D. 对于财产清查结果进行账务处理时，一律调整账存数

20. 下列关于未达账项说法错误的是（　　）。

A. 对于未达账项，应编制银行存款余额调节表，并据以调整有关账簿的记录

B. 银行存款账实不符肯定是因为存在未达账项

C. 调整无误的银行存款余额调节表的余额是企业银行存款的真正数

D. 未达账项是由于企事业单位的财会人员不及时登账造成的

三、填表题

1. 某公司 12 月 31 日银行存款日记账余额为 31 380 元，银行对账单余额为 50 580 元，12 月 28 至 31 日有关资料详见下表（12 月 27 日以前的数额已核对相符）。

银行存款日记账记录			银行对账单记录		
日期	摘要	金额/元	日期	摘要	金额/元
12 月 28 日	开出转账支票（＃1112）支付下季度财产保险费	146 600	12 月 30 日	收到转账支票（＃1114）支付应付款	19 600
28 日	开出转账支票（＃1113）支付广告费	8 160	30 日	代收货款	32 400
29 日	收回应收款	15 600	31 日	代付水电费	5 760
30 日	开出转账支票（＃1114）支付应付款	19 600	31 日	收到转账支票（＃1112）支付下季度财产保险费	146 600

根据以上资料，编制"银行存款余额调节表"。

银行存款余额调节表

项目	金额/元	项目	金额/元
企业银行存款日记账余额		银行对账单余额	
加：		加：	
减：		减：	
调节后余额		调节后余额	

2. 20×2 年 9 月 30 日华丰公司银行存款日记账账面余额为 52 373 元，银行对账单余额为 57 080 元，经逐步核对，发现双方不符，原因如下：

（1）华丰公司收到蓝天公司货款 7 000 元的转账支票一张，因托收手续尚未办妥，银行尚未入账；

（2）华丰公司委托银行托收兴业公司货款 8 800 元，银行已收妥入账，但华丰公司因尚未收到银行通知而未入账；

（3）华丰公司开出#50 支票 580 元，持票人尚未兑现；

（4）银行从华丰公司存款户中扣除结算的利息费 3 000 元；

（5）华丰公司本月水电费 1 258 元，被误记为 1 285 元；

（6）银行将威力公司存入的支票 5 300 元误记入华丰公司账户。

根据以上资料，编制"银行存款余额调节表"。

银行存款余额调节表

项目	金额/元	项目	金额/元
企业银行存款日记账余额		银行对账单余额	
加：		加：	
减：		减：	
调节后余额		调节后余额	

四、案例分析题

某公司在 20×2 年 12 月 31 日进行对账，将银行存款日记账和银行对账单进行核对，发现有一笔 80 万元的账项对不上，经过查找发现是一张银行到账的通知单被重复记账，会计人员马上进行了更正。除此之外还发现有 8 笔未达账项，会计人员认为年底了，应该及时结账编制报表，因此立马根据银行对账单进行记账更正，然后编制报表。请问会计人员的账务处理是否正确，为什么？

▶5.3　参　考　答　案◀

一、单选题

（1~5）　C　B　B　C　B
（6~10）　D　B　C　D　A
（11~15）　D　B　B　D　D
（16~20）　B　D　A　C　B

二、多选题

1. ABCD	2. ABCDE	3. ABCDE	4. ABCDE	5. ABCD
6. ABCDE	7. AD	8. ACD	9. ABC	10. CD
11. ACD	12. ABD	13. ABCD	14. AD	15. ABCD
16. ABC	17. AB	18. ABC	19. ABC	20. ABCD

三、填表题

1.

项目	金额/元	项目	金额/元
企业银行存款日记账余额	31 380	银行对账单余额	50 580
加：银行已收，企业未收	32 400	加：企业已收，企业未收	15 600
减：银行已付，企业未付	5 760	减：企业已付，银行未付	8 160
调节后余额	58 020	调节后余额	58 020

2.

项目	金额/元	项目	金额/元
企业银行存款日记账余额	52 373	银行对账单余额	57 080
加：企业多计的水电费	27	减：银行误记他人存款	5 300
更正后企业银行存款日记账余额	52 400	更正后银行对账单余额	51 780
加：银行已收，企业未收	8 800	加：企业已收，银行未收	7 000
减：银行已付，企业未付	3 000	减：企业已付，银行未付	580
调节后余额	58 200	调节后余额	58 200

四、案例分析题

会计人员对于发现的 80 万元的重复记账进行更正是正确的，因为该差错属于会计差错，对于发现的会计差错无须原始凭证，要及时进行更正，保证会计账簿记录的真实可靠。但是 12 月 31 日的未达账项是指由于凭证传递过程中的时间差异而造成一方已登记入账，另一方尚未入账的事项。未达账项不是错账、漏账，编制银行存款余额调节表是为了检查账簿记录的正确性，银行存款余额调节表不能作为原始凭证，会计人员要进行账务处理，要等相关凭证送达企业后作为原始凭证才能登记记账凭证，并登记会计账簿等。但对于长期悬置的未达账项，企业应查明原因，及时处理。

►5.4　思考讨论题◄

（1）人们的印象中，钱存在银行中就像进了保险库一样安全，但是对于银行存款的财产清查与安全保障不容忽略。2014 年 10 月，上市酒企泸州老窖在中国农业银行长沙迎新支行的 1.5 亿元存款失踪；2015 年 1 月 10 日，泸州老窖又发布公告称，在工商银行河南南阳中州支行等处的 3.5 亿元存款出现"异常"。离奇的存款"失踪"事件还发生在另一家白酒企业酒鬼酒身上。2013 年初，酒鬼酒曝出其下属供销公司在中国农业银行杭州分行华丰路支行的 1 亿元存款神秘被盗，事后尽管嫌疑人被捕、部分失款被追回，仍导致上市公司在当年亏损 3 668 万元。这意味着大部分损失依然由股东承担。

◎ 请搜集相关背景资料，了解为什么这两家酒企相继发生银行存款消失事件，如何加强银行存款的内部控制，保证财产安全？

（2）2019 年初，康美药业发布 2018 年年度报告，同时宣布对 2017 年年报财务数据进行更正。公司采购付款、工程款支付及确认业务款项时的会计处理存在错误，造成公司应收账款少计 641 073 222.34 元；存货少计 19 546 349 940.99 元；在建工程少计 631 600 108.35 元。公司核算账户资金时存在错误，造成货币资金多计 29 944 309 821.45 元。公司在确认营业收入和营业成本时存在错误，造成公司营业收入多计 8 898 352 337.51 元；营业成本多计 7 662 129 445.53 元。公司在核算销售费用和财务费用时存在错误，造成公司销售费用少计 497 164 407.18 元；财务费用少计 228 239 962.83 元。

　　会计实务上，货币现金是资产负债表中最难造假的科目，现金流量表中也应清楚解释资产负债表中货币资金的变化，但康美药业直接嘲讽了整个 A 股市场，现金也可以说没就没。

　　◎　请搜集相关背景资料，了解康美药业财务造假的原因与手段。

第6章 财务会计报告

📖 **内容框架**

财务会计报告的主要内容；资产负债表、利润表的编制和列报；现金流量表和所有者权益变动表的列报；会计信息的披露。

▶6.1 学 习 指 导◀

1. 财务会计报告的构成

财务会计报告是指企业对外提供的反映企业某一特定日期的财务状况和某一会计期间的经营成果、现金流量等会计信息的文件。根据我国企业会计准则的规定，企业对外提供的财务报告至少应包括会计报表、会计报表附注，以及其他应当在财务报告中披露的相关信息和资料。会计报表和会计报表附注我们统称为财务报表，其他的我们简称为其他财务报表，可以在财务情况说明书中加以说明，也可以通过董事会报告等其他方式进行说明。会计报表是对企业财务状况、经营成果和现金流量的结构性表述，会计报表至少应包括资产负债表、利润表、现金流量表、所有者权益变动表、附注，见图6-1。

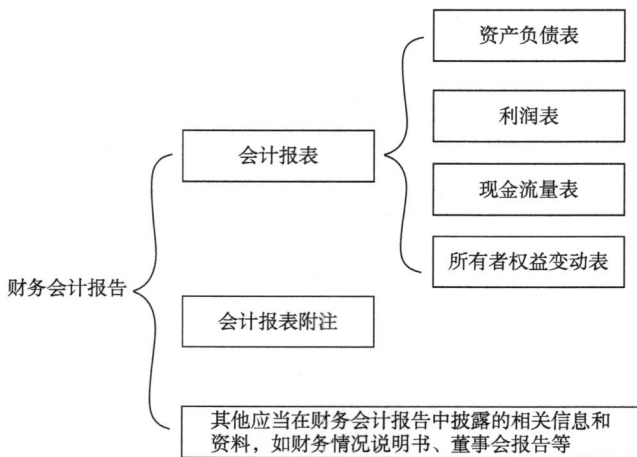

图 6-1 财务会计报告

2. 财务报表的分类

财务报表按照编制期间、编制主体可以进行不同的分类，详见图 6-2。

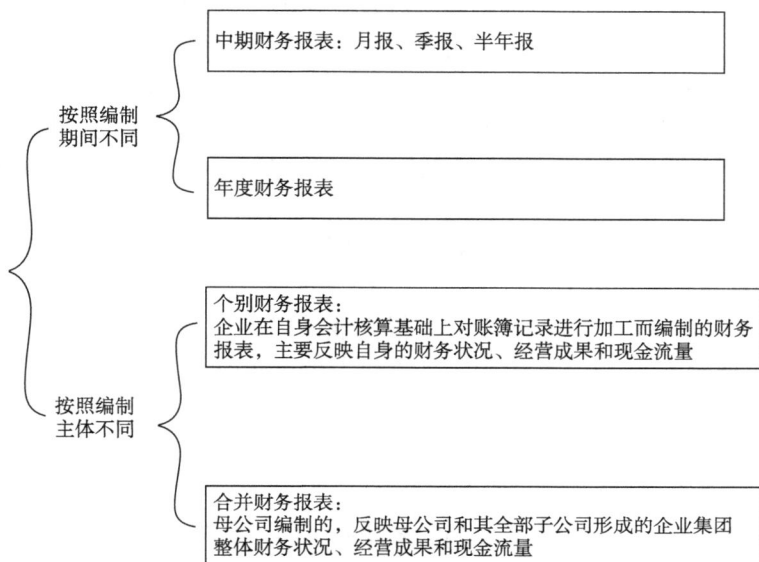

按照编制期间不同
中期财务报表：月报、季报、半年报
年度财务报表

按照编制主体不同
个别财务报表：
企业在自身会计核算基础上对账簿记录进行加工而编制的财务报表，主要反映自身的财务状况、经营成果和现金流量

合并财务报表：
母公司编制的，反映母公司和其全部子公司形成的企业集团整体财务状况、经营成果和现金流量

图 6-2　财务报表分类

3. 财务会计报告的编制原则

为实现财务会计报告的编制目的，向外部会计信息使用者提供决策相关的会计信息，保证会计报表信息满足会计信息质量特征，保证会计报表信息及时、准确、完整地反映企业的财务状况和经营成果。编制财务会计报告时，应遵循一定的编制原则。

（1）数据客观可靠：以核实无误的账簿记录为基础，严格按照会计准则进行编制，不得弄虚作假；必须如实反映企业的财务状况、经营成果和现金流量。

（2）内容与使用者的决策相关：从财务会计报告内容的选择、指标体系的设置到项目分类应当充分考虑到不同信息使用者的决策需要。

（3）充分披露：应当按照会计准则及其他相关规范要求的格式和内容进行编制，不得漏编、漏报，还可以根据需要增加自愿披露的内容，充分揭示企业的生产经营状况。

（4）及时呈报：及时编制和呈送，以便于信息使用者使用。

（5）便于理解：会计报表提供的信息清楚明了、便于理解。

（6）效益大于成本。

4. 财务报表列报的基本要求

在会计准则中，把通过财务报表传达信息称为列报，财务报表列报应遵循以下基本要求。

（1）依据各项会计准则确认和计量的结果编制财务报表。

（2）以持续经营为列报基础：企业管理层应当利用所有可获得的信息来评价企业

自报告期末起至少 12 个月的持续经营能力。

（3）根据项目的重要性确定列报方式：在合理预期下，若财务报表项目的省略或错报会影响使用者据此做出的经济决策，则说明该项目具有重要性。重要性应当根据企业所处的环境，从项目的性质和金额两方面加以判断。如果项目单独看不具有重要性，则可将其与其他项目合并列报，如果项目具有重要性，则应当单独列报。

（4）保持可比性：财务报表项目的列报应当在各个会计期间保持一致，并至少应当提供所有列报项目上一可比会计期间的比较数据，以及与理解当期财务报表相关的说明。

（5）完整披露：财务报表应当披露有关项目的全额信息，以便于投资者了解交易的全貌，从而做出合理的决策。

（6）财务报表表首的列报要求：编报企业的名称；资产负债表披露资产负债表日，利润表、现金流量表、所有者权益变动表披露报表涵盖的会计期间；货币名称和单位。

（7）报告期间：至少应当按年编制财务报表。

5. 资产负债表的结构

资产负债表反映企业在特定日期的财务状况，因此又称财务状况表。资产负债表的基本结构见表 6-1。

表 6-1　资产负债表

编制单位：　　　　　　　　　　　年　月　日　　　　　　　　　　　单位：元

资产	年初数	年末数	负债及所有者权益	年初数	年末数
流动资产			流动负债		
			长期负债		
长期资产			负债合计		
			所有者权益合计		
资产合计			负债及所有者权益合计		

为反映企业资产的流动性及偿债能力，资产负债表首先按照流动性进行划分和排列：①对于资产而言，流动性是变现能力，流动性强的资产排在报表的前面，先是流动资产，再是非流动资产。②对于负债而言，流动性是到期清偿所需要的时间，到期时间短的排在前面，到期时间长的排在后面，先是流动负债，再是非流动负债。③对于所有者权益而言，由于所有者投入的资金都是企业长期使用的资金，不再划分流动性强弱，但是按照来源渠道分为投资者投入和留存收益，其次按照货币性与非货币性排列。货币性项目是指以货币形态存在的或以货币形式收回的资产，以及将以货币形式清偿的债务。货币性项目不存在复杂的计量问题，其账面价值更接近现时价值，能够代表其实际偿债能力，因此按照货币性与非货币性项目排列，更有利于会计信息使用者分析不同报表项目计价带来的影响和物价波动下的偿债能力。

6. 资产负债表的编制

资产负债表的编制基础：资产=负债+所有者权益。

资产负债表中的"期初余额"一般根据上期资产负债表中的期末数填列，在资产负债表内容和排列与上年不同或者报表披露范围发生重大变化等情况下需要对上期期末数进行跳帧。"期末余额"根据各账户的期末余额直接填列或计算分析填列，不同资产负债表项目有不同的编制方法，详见表 6-2。

表 6-2　资产负债表项目编制方法

填列方法	适用项目
根据总账科目的余额直接填列	"交易性金融资产" "工程物资" "固定资产清理" "递延所得税资产" "短期借款" "交易性金融负债" "应付票据" "应付职工薪酬" "应交税费" "应付利息" "应付股利" "其他应付款" "预计负债" "递延所得税负债" "实收资本（或股本）" "资本公积" "库存股" "盈余公积"
根据明细科目余额计算填列	"开发支出" "一年内到期的非流动资产" "一年内到期的非流动负债" "未分配利润" "应付账款" "预收账款" "长期借款" "长期待摊费用" "其他非流动负债"
根据有关科目的余额减去其备抵科目余额后的净额填列	"持有至到期投资" "长期股权投资" "固定资产" "在建工程" "无形资产" "商誉" "投资性房地产" "生产性生物资产" "油气资产" "长期应收款" "长期应付款"
综合运用上述填列方法分析填列	"应收账款" "应收票据" "预付账款" "应收股利" "应收利息" "其他应收款" "存货"

7. 资产负债表的作用与局限性

资产负债表的作用如下所示。

（1）反映企业的短期偿债能力：企业的短期偿债能力主要反映在资产或负债的流动性上，是指资产转换成现金或负债到期清偿需要的时间。资产负债表中的流动资产与流动负债信息及报表中的相关附注所提供的信息，有助于信息使用者分析、评价和预测企业的短期偿债能力。

（2）反映企业的长期偿债能力：资本结构是指企业负债和所有者权益之间的相对比例，资产负债表通过列示资产、负债和所有者权益之间的平衡关系，方便信息使用者分析、评价、预测企业的资本结构和长期偿债能力。

（3）反映企业的财务弹性：财务弹性是指企业应对各种挑战的能力及适应变化的能力，包括进攻性适应能力和防御性适应能力。进攻性适应能力是指企业有能力和财力去抓住突如其来的获利机会。防御性适应能力是指企业在经营危机中生存下来的能力。财务弹性与企业资产的流动性有关，与企业在经营中赚取现金的能力有关，也与企业的融资能力有关。资产负债表反映了企业资产项目的流动性分布和对企业资源的索取权等信息，有助于外部信息使用者分析、评价、预测企业的财务弹性。

（4）反映企业的经营绩效：将资产负债表和利润表联合分析，可以计算投资报酬率、资金利用率、资产周转率等指标，能帮助外部信息使用者分析、评价、预测企业的经营绩效。

资产负债表的局限性如下所示。

（1）资产负债表不反映现时价值，资产负债表中的大部分项目都是以原始成本列示的，随着经济环境的变化，与现时价值有一定差距。

（2）资产负债表遗漏了许多无法用货币表示的重要的资产负债信息。会计以货币为计量单位，但仍有许多项目，如企业的人力资源价值、固定资产的实际生产效能、对手的竞争能力、企业所承担的社会责任等无法用货币计量和在报表中反映，而这些项目对决策具有不可忽略的重要作用。

（3）资产负债表的信息包含了许多主观判断和估计数，可能影响信息的可靠性。

8. 利润表的结构

利润表又称为损益表、收益表，是反映企业一定期间经营成果的财务报表。利润表的常用结构有多步式和单步式，单步式是将所有收入合计减去所有费用合计，计算出利润总额。单步式利润表简单，直观，但是无法反映收入与费用的配比关系，也无法反映不同层次的利润构成情况。因此，我国企业会计准则推荐使用多步式利润表。多步式利润表的公式如下：

营业收入=主营业务收入+其他业务收入

营业成本=主营业务成本+其他业务成本

期间费用=销售费用+管理费用+研发费用+财务费用

营业利润=营业收入-营业成本-税金及附加-期间费用-资产减值损失-信用减值损失+其他收益±投资收益±公允价值变动损益±资产处置损益

总利润=营业利润+营业外收入-营业外支出

净利润=总利润-所得税费用

综合收益总额=净利润+其他综合收益

每股收益=净利润/普通股股数

9. 利润表的编制方法

利润表的编制基础：收入-费用=利润，利润表项目的来源是收入与费用类账户的本期发生额。利润表中的上期数据根据上期利润表中的"本期金额"填列，对于利润表的"本期金额"，一般直接根据对应账户的本期发生额直接填列，具体编制方法见表 6-3。

表 6-3　利润表编制方法

填列方法	适用项目
汇总填列	营业收入=主营业务收入+其他业务收入 营业成本=主营业务成本+其他业务成本
直接填列	除了"营业利润""利润总额""净利润"外的其他项目
根据其他报表项目计算填列	"营业利润""利润总额""净利润"

10. 利润表的作用

（1）利润表是评价企业经营成果的有效工具，可以分析企业的获利能力，了解投资者投入资本的保值增值情况，便于投资者和债权人做出有效的决策。

（2）利润表是预测企业未来盈利和现金流量的基础。

（3）利润表是评价管理人员经营效率的工具，总资产报酬率、净资产报酬率都是评价管理能力的重要指标，而决定投资报酬率的因素之一就是利润。

11. 现金流量表的结构

现金流量表是反映企业在一定会计期间现金和现金等价物流入和流出的报表。现金流量表的编制基础包括现金和现金等价物。现金是指企业的库存现金及可以随时用于支付的存款；现金等价物是指企业持有的期限短、流动性强、易于转换为已知金额现金、价值变动风险很小的投资。现金流量表基本项目分类见表6-4。

表6-4　现金流量表基本项目分类

现金流量的分类	内容
经营活动产生的现金流量	销售商品、提供劳务、经营性租赁； 购买货物、接受劳务、制造产品； 广告宣传、推销产品； 缴纳税款； 其他与经营活动有关的
投资活动产生的现金流量	长期资产的处置； 收回现金等价物以外的投资、分得股利、利润或取得利息等； 长期资产的购建； 现金等价物以外的其他投资等； 其他与投资活动有关的
筹资活动产生的现金流量	吸收权益性投资、发行债券、借款等； 减少注册资本、偿还债务； 支付筹资费用、分配股利、偿付利息等； 其他与筹资活动有关的

12. 现金流量表的编制方法

现金流量表的编制方法有直接法和间接法。

直接法：以利润表中的营业收入、营业成本等数据为基础，将权责发生制下的收入调整为实际收到的现金数，将权责发生制下的费用调整为实际付出的现金数。我国会计准则规定现金流量表的主表采用直接法编制。

间接法：以利润表上的利润为基础，以是否影响现金流量为标准进行调整，将减少利润但是不影响现金流的项目加回，将增加利润但是不增加现金流的项目扣除，再辅以非现金流动项目增减对现金的影响，以及与投资筹资活动现金流有关的收入、费用项目对净利润的影响，计算出经营活动现金流量。附注是对不涉及现金的经营性费用和收入项目的调整；对不属于经营活动的损益进行调整；对非现金流动项目进行调整。我国会计准则要求在现金流量表的附注中披露由间接法编制的经营活动现金流量信息。

13. 现金流量表的作用

（1）有利于评估企业在未来创造有利的净现金流量的能力。

（2）更好地说明企业的偿债能力、分配股利的能力和融资的需求。

（3）说明了净利润与相关现金收支产生差异的原因，能够从另一个侧面评价企业利润的质量。

（4）有利于评估当期的现金和非现金投资理财事项对企业财务状况的影响。

（5）以收付实现制为基础，编制基础明确，不易被操纵，能更有效地衡量企业财务状况和经营成果的质量。

14. 所有者权益变动表的结构

所有者权益变动表是反映构成所有者权益的各组成部分当期的增减变动情况的财务报表。

所有者权益变动表至少应单列下列项目：①净利润；②直接计入所有者权益的利得和损失项目及其总额；③会计政策变更和差错更正的累积影响金额；④所有者投入资本和向所有者分配利润等；⑤按照规定提取的盈余公积；⑥实收资本（或股本）、资本公积、盈余公积、未分配利润的期初和期末余额及其调节情况。

15. 所有者权益变动表的作用

（1）揭示了一定时期内所有者权益变化的数量和原因：区分综合收益或资本交易带来的所有者权益的变动，并解释企业当年利润分配的细节。

（2）提供综合收益信息有助于投资者评价企业价值：基于权责发生制和收入费用配比原则列示的利润表中的净利润并不能反映企业资产价值变化的全部，因此所有者权益变动表提供的综合收益信息有助于投资者评价企业价值。

（3）提供资本交易信息有助于投资者分析企业的发展趋势。通过对资本交易包括所有者向企业投入资本和企业向所有者分配股利等进行分析可以分析股东对企业的投资态度和企业对资本的利用态度，反映企业控制权的变动，以及企业高层管理人员的变动。因此有助于投资者预测企业未来的发展态势。

（4）联系利润表和资产负债表的纽带。所有者权益变动表反映了企业一定期间已实现利润的分配情况，企业的亏损弥补情况，以及当年利润的留存情况，其中既包含来自利润表的净利润项目，也包括来自资产负债表的各项所有者权益项目。通过各项目之间的计算关系，展示利润表和资产负债表之间的联系。

16. 报表附注

报表附注是对在资产负债表、利润表、现金流量表和所有者权益变动表等报表中列示项目的文字描述或明细资料，以及未能在这些报表中列示项目的说明等。报表附注至少应披露以下内容：①企业的基本情况；②财务报表的编制基础；③遵循企业会计准则的声明；④重要会计政策和会计估计；⑤会计政策和会计估计变更以及差错更正的说明；⑥报表重要项目的说明；⑦或有事项；⑧资产负债表日后事项；⑨关联方关系及其交易；⑩其他综合收益；⑪终止经营的信息。

17. 报表附注的作用

（1）提高会计信息的可比性，在附注中说明会计报表编制所基于的会计政策、程序和方法。

（2）增进会计信息的可理解性，通过附注说明报表中各项重要的合计数的细节信息。

（3）突出会计报表信息的重要性，通过附注对会计报表的某一方面进行重点描述和强调。

▶6.2　难点、疑点解析◀

1. 完整的财务报告体系

财务会计报告是指企业对外提供的反映企业某一特定日期的财务状况和某一会计期间的经营成果、现金流量等会计信息的文件。企业提供的财务会计报告是企业外部的利益相关者了解企业的重要途径。完整的财务报告包括财务报表、报表附注和其他应当在财务会计报告中披露的相关信息和资料。

其中，财务报表是核心，受到会计准则的约束，需要接受注册会计师的审计。报表附注是对报表的细节说明和补充，是报表不可分割的组成部分，它受到会计准则的约束，需要接受注册会计师的审计。其他财务报告是对报表的必要补充，不需确认，不受会计准则约束，不需接受注册会计师的审计。可以在财务情况说明书中加以说明，也可以通过董事会报告等其他方式加以说明。

2. 各个会计报表之间的关系

资产负债表是反映企业某一特定日期财务状况的会计报表。利润表是反映企业一定会计期间经营成果的会计报表。现金流量表是反映企业在一定会计期间内有关现金和现金等价物的流入和流出的报表。所有者权益变动表在股份制企业中也称股东权益变动表，是反映企业年末所有者权益的各组成部分及当期增减变动情况的表格。

其中，资产负债表是母表，是静态财务报表，其反映企业的存量，重点确认数量是否存在，以及数量是否正确；利润表、现金流量表和所有者权益表动表属于动态财务报表，解释这些数量变化的过程；利润表是资产负债表"未分配利润"项目变化过程的工作底稿，解释说明了"未分配利润"如何从期初数变化到期末数；现金流量表是资产负债表"货币资金"项目变化过程的工作底稿，解释说明了"货币资金"如何从期初数变化到期末数；所有者权益变动表是资产负债表"所有者权益"项目变化过程的工作底稿，解释说明了"所有者权益"如何从期初数变化到期末数。报表附注则是对会计报表本身无法说明或难以充分表达的内容和项目所做的补充说明与详细解释。四表一注，结合在一起，动静结合，全面反映企业的财务状况、经营成果、现金流量和所有者权益增减变动情况，勾画出企业财务的全貌。

3. 会计科目与报表项目之间的关系

会计科目就是对会计要素的具体内容进行分类核算的项目，它以客观存在会计要素的具体内容为基础，根据核算和管理的需要设置。会计科目是复式记账，是编制记账凭证和会计报表的基础。

会计科目按照其所提供信息的详略程度可分为总分类科目和明细分类科目：①总分类科目提供的总括性信息，基本能满足对外报告的需要，如"应收账款""固定资产"

"实收资本"等；②明细分类科目是对总分类科目的进一步分类，主要提供更详细、更具体的信息，以满足企业内部经营管理的需要，如在"应收账款"总分类科目下按照客户名称设置的明细分类科目，能反映具体的收款对象，企业可以根据需要自行确定明细科目的设置。

财务报表是以会计准则为规范编制的，会计报表项目的填列根据项目的不同有不同的填列方法，有些可以根据会计账户总账科目余额直接填列，如实收资本；有些则是根据各科目的账户余额与相关备抵科目的账户余额后的净额填列，如固定资产项目，应根据"固定资产"科目的期末余额，减去"累计折旧"和"固定资产减值准备"科目的期末余额后的金额以及"固定资产清理"科目的期末余额填列；有些根据相关总账科目期末余额的合计数填列，如货币资金项目，包括"库存现金""银行存款""其他货币资金"等总账的内容；有些根据有关明细科目期末余额分析计算填列，如"预付账款"，应根据"应付账款"和"预付账款"两个科目所属明细科目的期末贷方余额合计填列；对于年内到期转列为流动项目的，需要同时根据总账科目和明细账科目的期末余额分析填列，如一年内到期的非流动资产和一年内到期的非流动负债。

因此，财务报表上的项目是经过会计科目核算的，称为资产负债表项目或损益表项目，而不能说是资产负债表科目。

4. 财务报表格式

财政部发布的《关于修订印发 2019 年度一般企业财务报表格式的通知》中有关一般企业财务报表格式相比于 2018 年（教材中使用版本）的主要变化如下。

（1）资产负债表将原"应收票据及应收账款"项目拆分为"应收票据"和"应收账款"两个项目。

（2）资产负债表所有者权益项下新增"专项储备"项目，反映高危行业企业按国家规定提取的安全生产费的期末账面价值。该项目根据"专项储备"科目的期末余额填列。

（3）将利润表"减：资产减值损失"调整为"加：资产减值损失（损失以'-'号填列）"。

（4）现金流量表明确了政府补助的填列口径，企业实际收到的政府补助无论是与资产相关还是与收益相关，均在"收到其他与经营活动有关的现金"项目填列。

（5）根据资产负债表的变化，在所有者权益变动表新增"专项储备"项目。

（6）所有者权益变动表明确了"其他权益工具持有者投入资本"项目的填列口径。"其他权益工具持有者投入资本"项目反映企业发行的除普通股以外分类为权益工具的金融工具的持有者投入资本的金额，该项目根据金融工具类科目的相关明细科目的发生额分析填列。

▶6.3　练　习　题◀

一、单选题

1. 在下列会计报表中，属于反映企业财务状况的静态报表的是（　　）。
A. 利润表
B. 所有者权益变动表
C. 现金流量表
D. 资产负债表

2. 下列会计报表中，不属于对外报送的报表的是（　　）。
A. 利润表
B. 企业成本报表
C. 现金流量表
D. 资产负债表

3. 下列只需要在年度报送的会计报表是（　　）。
A. 利润表
B. 现金流量表
C. 所有者权益变动表
D. 资产负债表

4. 资产负债表是反映企业（　　）财务状况的会计报表。
A. 某一特定日期
B. 一定时期内
C. 某一年份内
D. 某一月份内

5. 资产负债表中资产的排列顺序是（　　）。
A. 收益率高的资产排在报表前面
B. 重要的资产排在报表前面
C. 流动性强的资产排在报表前面
D. 非货币性资产排在报表前面

6. 下列各项，应在资产负债表的流动负债部分中单独列项反映的是（　　）。
A. 长期待摊费用中在一年内摊销的部分
B. 预计一年内收回的长期股权投资
C. 预计一年内报废的固定资产
D. 将于一年内到期的长期借款

7. “应收账款”账户所属明细账户有贷方余额，应在资产负债表中（　　）项目反映。
A. 应收账款　　　B. 应付账款　　　C. 预付账款　　　D. 预收账款

8. “应付账款”账户所属明细账户有借方余额，应在资产负债表中（　　）项目反映。
A. 预收账款　　　B. 预付账款　　　C. 应收账款　　　D. 应付账款

9. 以下不能通过资产负债表了解的是（　　）。
A. 企业的经济资源及分布的情况
B. 企业资金的来源渠道和构成
C. 企业固定资产的新旧程度
D. 企业的财务成果及其形成过程

10. 资产负债表的下列项目中，根据几个总账账户期末余额进行汇总填列的是

（　　）。

　　A. 短期投资　　　　B. 短期借款　　　　C. 货币资金　　　　D. 累计折旧

　　11. 某企业在途物资总账借方余额 500 万元，生产成本总账借方余额 800 万元，库存商品总账借方余额 1 400 万元，存货跌价准备总账贷方余额 200 万元，则资产负债表中存货项目的填列金额应为（　　）万元。

　　A. 1 300　　　　　　B. 1 900　　　　　　C. 2 500　　　　　　D. 2 700

　　12. 某企业"应收账款"明细账借方余额合计为 20 万元，贷方余额合计为 3 万元，"预收账款"明细账借方余额合计为 2 万元，贷方余额合计为 8 万元，"坏账准备"贷方余额为 1 万元，则资产负债表的"应收账款"项目应是（　　）万元。

　　A. 19　　　　　　　B. 10　　　　　　　C. 18　　　　　　　D. 21

　　13. 某企业为新开办的企业，本年度实现利润总额为 100 万元，该企业按 25% 计算所得税，按税后利润的 10% 提取法定盈余公积金，按税后利润的 10% 提取法定公益金，分给投资者利润为 20 万元，则该企业在利润分配表中"年末未分配利润"数额为（　　）万元。

　　A. 30　　　　　　　B. 35　　　　　　　C. 40　　　　　　　D. 45

　　14. 现金流量表的现金是指（　　）。

　　A. 企业库存现金　　　　　　　　B. 企业银行存款

　　C. 企业库存现金和银行存款　　　D. 广义的现金及现金等价物

　　15. 在所有者权益变动表中，以下与企业本期经营活动无关的项目是（　　）。

　　A. 综合收益总额

　　B. 会计政策变更和前期差错更正的累计影响金额

　　C. 所有者投资资本和向所有者分配利润

　　D. 提取的盈余公积

二、多选题

　　1. 企业对外报送的会计报表有（　　）。

　　A. 资产负债表　　　　B. 利润表　　　　　C. 现金流量表　　　　D. 成本计算表

　　E. 制造费用明细表

　　2. 财务会计报告按照编制期间的不同可分为（　　）。

　　A. 年度财务会计报告　　　　　　B. 季度财务会计报告

　　C. 半年财务会计报告　　　　　　D. 月度财务会计报告

　　3. 下列各项中，属于中期财务会计报告的有（　　）。

　　A. 月度财务会计报告　　　　　　B. 季度财务会计报告

　　C. 半年度财务会计报告　　　　　D. 年度财务会计报告

　　4. 企业会计报表按其报送的对象分为（　　）。

　　A. 对内会计报表　　　　　　　　B. 静态会计报表

　　C. 对外会计报表　　　　　　　　D. 动态会计报表

5. 在编制资产负债表时，应列入"货币资金"项目的账户有（　　）。

A. 现金　　　B. 其他货币资金　　　C. 应收票据　　　D. 银行存款

E. 应收账款

6. 编制会计报表的基本要求包括（　　）。

A. 数字真实　　　　　　　　　B. 编报及时

C. 计算正确　　　　　　　　　D. 内容完整

7. 根据企业会计制度的规定，企业财务会计报告包括（　　）。

A. 会计报表　　　　　　　　　B. 会计报表附注

C. 财务情况说明书　　　　　　D. 审计报告

8. 利润表提供的信息包括（　　）。

A. 实现的主营业务收入　　　　B. 发生的主营业务成本

C. 其他业务利润　　　　　　　D. 利润或亏损总额

E. 企业的财务状况

9. 会计报表的使用者包括（　　）。

A. 债权人　　　　　　　　　　B. 企业内部管理层

C. 投资者　　　　　　　　　　D. 潜在的投资者

E. 国家政府部门

10. 资产负债表"应收账款"项目应根据（　　）分析计算填列。

A. 应收账款明细账借方余额　　B. 应收账款明细账贷方余额

C. 预收账款明细账借方余额　　D. 坏账准备账户贷方余额

11. 下列各项，影响利润表中"营业利润"项目计算的因素有（　　）。

A. 主营业务收入　　　　　　　B. 管理费用

C. 营业外收入　　　　　　　　D. 税金及附加

12. 现金流量表对现金流量的分类为（　　）。

A. 期初结存的现金　　　　　　B. 经营活动产生的现金流量

C. 投资活动产生的现金流量　　D. 筹资活动产生的现金流量

13. 以下属于投资活动产生的现金流量的是（　　）。

A. 购买固定资产　　　　　　　B. 支付职工工资

C. 处置长期股权投资　　　　　D. 收到被投资单位发放股利

14. 以下属于筹资活动产生的现金流量的是（　　）。

A. 支付投资者现金股利　　　　B. 偿还长期借款

C. 处置子公司收入　　　　　　D. 吸收投资收到现金

15. 所有者权益变动表的主要项目包括（　　）。

A. 综合收益总额

B. 会计政策变更和前期差错更正的累计影响金额

C. 所有者投资资本和向所有者分配利润

D. 提取的盈余公积

三、计算题

1. 某企业 20×2 年 12 月有关账户期末余额如下表所示。

单位：元

账户名称	期末余额	
	借方	贷方
库存现金	1 800	
银行存款	43 100	
应收账款	24 100	
在途物资	3 900	
原材料	10 300	
库存商品	6 900	
固定资产	79 800	
累计折旧		12 000
短期借款		11 000
应付账款		600
应付职工薪酬		800
长期借款		48 400
其中：一年内到期的长期借款		12 500
实收资本		84 300
利润分配（未分配利润）		12 800
合计	169 900	169 900

计算资产负债表有关项目金额。

（1）货币资金=

（2）存货=

（3）固定资产=

（4）长期借款=

（5）流动负债合计=

2. 某企业 20×2 年 12 月部分账户发生额如下表所示。

单位：元

收入账户（贷方发生额）		费用账户（借方发生额）	
主营业务收入	292 200	主营业务成本	258 668
其他业务收入	60 000	税金及附加	5 470
投资收益	700	其他业务成本	46 837
营业外收入	17 500	销售费用	1 240
		管理费用	3 600
		财务费用	7 385
		营业外支出	18 100

编制期末结转分录并计算营业利润、总利润、净利润，所得税税率为 25%。

▶6.4　参　考　答　案◀

一、单选题

（1~5）　D　　B　　C　　A　　C
（6~10）　D　　D　　B　　D　　C
（11~15）C　　D　　C　　D　　B

二、多选题

1. ABC　　　2. ABCD　　　3. ABC　　　4. AC　　　　5. ABD
6. ABCD　　7. ABC　　　　8. ABCD　　9. ABCDE　　10. ACD
11. ABD　　12. BCD　　　13. ACD　　14. ABD　　　15. ABCD

三、计算题

1. 计算资产负债表有关项目金额：
（1）货币资金=1 800+43 100=44 900
（2）存货=3 900+10 300+6 900=21 100
（3）固定资产=79 800−12 000=67 800
（4）长期借款=48 400−12 500=35 900
（5）流动负债合计=11 000+600+800+12 500=24 900
2. 编制会计分录：

借：主营业务收入	292 200
其他业务收入	60 000
投资收益	700
营业外收入	17 500
贷：本年利润	370 400
借：本年利润	341 300
贷：主营业务成本	258 668
税金及附加	5 470
其他业务成本	46 837
销售费用	1 240
管理费用	3 600
财务费用	7 385
营业外支出	18 100

　　借：所得税费用　　　　　　　　　　　　　　　　　　　　　　　　7 275
　　　　贷：应交税费　　　　　　　　　　　　　　　　　　　　　　　　　　7 275
　　借：本年利润　　　　　　　　　　　　　　　　　　　　　　　　　　7 275
　　　　贷：所得税费用　　　　　　　　　　　　　　　　　　　　　　　　　7 275

计算：

营业收入=主营业务收入+其他业务收入=352 200 元

营业成本=主营业务成本+其他业务成本=305 505 元

营业利润=营业收入-营业成本-税金及附加-财务费用-销售费用-管理费用-研发费用-资产减值损失-信用减值损失+其他收益+投资收益+公允价值变动损益+资产处置损益=29 700 元

总利润=营业利润+营业外收入-营业外支出=29 100 元

净利润=总利润-所得税费用=29 100-7 275=21 825 元

▶6.5　思考讨论题◀

　　（1）财务报告的发展历史。财务报告的演进是在财务报表的演进中形成的，在人类历史上它经历了账簿式、单一报表式、两表式、三表式和至今的四表式财务报告时期。在我国，财务报告也随着我国社会经济的发展不断演化。我国于 1952 年施行资金平衡表，1985 年发布施行的中外合资会计制度第一次引进西方资产负债表，但直到 1993 年的会计制度改革，我国企业才全面采用资产负债表以取代 1952 年施行的资金平衡表。在 2001 年、2002 年和 2005 年的会计制度改革中仍旧保留了资产平衡表。

　　我国 1949 年以前将收益表称为损益表，20 世纪 50 年代初期也这样称呼，后来改称利润表。1981 年、1985 年和 1989 年的会计制度改革仍称其为利润表，1993 年的会计制度改革将其改称为损益表，1998 年的《股份有限责任公司会计制度——会计科目和会计报表》及 2001 年、2002 年、2005 年的会计制度改革又将其改称为利润表。

　　我国财政部于 1995 年 4 月 21 日完成了《企业会计准则——现金流量表》的征求意见稿，于 1998 年 3 月 20 日正式发布，要求以现金流量表取代 1985 年引进的财务状况变动表，并于 1998 年 1 月 1 日起在全国范围内施行。根据三年来的执行情况和经济环境的变化，财政部于 2001 年 1 月 28 日对之前的《企业会计准则——现金流量表》进行了修订，并要求于 2001 年 1 月 1 日起在全国范围内施行。

　　2007 年以前，公司所有者权益变动情况是以资产负债表附表形式予以体现的。2006 年 2 月 15 日，财政部发布《企业会计准则第 30 号——财务报表列报》，指出财务报表是对企业财务状况、经营成果和现金流量的结构性表述。财务报表至少应当包括下列组成部分：资产负债表、利润表、现金流量表、所有者权益（或股东权益）变动表、附注。

　　2006 年，《企业会计准则》颁布，要求上市公司于 2007 年正式对外呈报所有者权益变动表，所有者权益变动表将成为与资产负债表、利润表和现金流量表并列披露的第四张财务报表，形成我们现在所说的四表一注。

◎ 请收集相关资料，结合我国经济发展历史谈谈我国财务报告发展演变的原因。

（2）2016 年 3 月 21 日，珠海市博元投资股份有限公司（简称*ST 博元，公司股票代码 600656）收到上海证券交易所自律监管决定书〔2016〕77 号《关于珠海市博元投资股份有限公司股票终止上市的决定》，上海证券交易所决定终止*ST 博元股票上市，其成为 2015 年退市新规出台后第一家由于重大信息披露违法而被终止上市的公司。2011~2014 年，*ST 博元为掩盖 2011 年 4 月 29 日公告中的股改业绩承诺资金 3.8 亿元并未真实到位的事实，多次伪造银行承兑汇票，并披露财务信息严重虚假的定期报告，虚增资产、收入、利润等，于 2014 年 6 月 17 日被中国证券监督管理委员会广东监管局立案调查。作为最早在上海证券交易所上市的老八股，*ST 博元在经历了*ST 华药、*ST 源药、S*ST 源药、NST 源药、ST 源药、ST 方源等多次更名后，可以说是资深"不死鸟"。但最终"不死鸟"因为财务信息披露违规退市了。

◎ 请结合课本知识，对*ST 博元信息披露案例进行分析。

（3）2017~2021 年，以康得新和康美药业等为代表的恶性财务造假给投资者造成惨重损失，引起舆论一片哗然。针对该类事件，厦门国家会计学院的微信公众号"云顶财说"上发布了以黄世忠教授为代表的一系列文章，包括：2017 年，叶钦华在《财务与会计》上发表的文章"关于 IPO 财务舞弊识别的一些思考"；2019 年，黄世忠、叶钦华、徐珊在《财务与会计》上发表的论文"上市公司财务舞弊特征分析——基于 2007年至 2018 年 6 月期间的财务舞弊样本"；2020 年，黄世忠，叶钦华、徐珊、叶凡在《财会月刊》上发表的论文"2010~2019 年中国上市公司财务舞弊分析"；2021 年，叶钦华、叶凡、黄世忠在《财务与会计》上发表的论文"收入舞弊的识别与应对——基于东方金钰交易造假的案例分析"；等等。

◎ 请搜集相关资料，了解我国财务报表舞弊的现状、原因、经济后果及防范对策。

第7章 会计信息系统

📖 **内容框架**

会计循环各阶段的主要内容；不同账务处理程序的特点和使用范围；手工会计信息系统和电子计算机信息系统的异同。

▶7.1 学 习 指 导◀

1. 会计循环

会计循环是指将企业在一定期间的经济活动转化成会计报表，必须经过一定的会计程序，这些程序周而复始，循环往复形成会计循环。会计循环的基本步骤如下所示。

（1）编制会计分录。

（2）过账（登账）。将会计分录所记载的有关账户的变化金额登记到相应的分类账簿中。

（3）编制调整前试算平衡表。检验全部账户借方余额合计与贷方余额合计是否相等，或者借方发生额合计与贷方发生额合计是否相等。

（4）编制期末调整分录并过账。按照权责发生制原则对账项进行调整。

（5）编制调整后试算平衡表。编制调整分录后再次进行试算平衡。

（6）编制会计报表。完成会计信息系统的信息输出，反映企业的财务状况、经营成果、现金流量等信息。

（7）结账。期末，对资产负债表账户（永久性账户）结出期末余额，并将其转入下一个会计期间。

（8）对利润表账户（临时性账户）编制结账分录，使其期末余额为零。

2. 期末调整事项

期末账项调整，就是在每个会计期的期末，按权责发生制对未记录的"情况"进行补记，合理地反映相互连接的各会计期应得的收入和应负担的费用，使各期的收入和费用能在相互适应的基础上进行配比，从而比较正确地计算出各期的盈亏。这种补记看上去就像是对已记录会计分录的调整。需要调整的"情况"包括：时间的经过导致企业的收入权利和费用责任发生变化；宏观经济环境变化导致企业资产价值发生变化等。主要的期末调整事项见表 7-1。

表 7-1　主要的期末调整事项

情况	会计核算	性质	
钱已付，费用未确认	待摊费用	资产	预付款项时： 借：待摊费用（其他应收款） 　　贷：银行存款（现金） 月末调整时： 借：费用类 　　贷：待摊费用（其他应收款）
钱已收，收入未确认	预收收入	负债	预收货款时： 借：银行存款（现金） 　　贷：预收账款 期末调整已实现部分的收入： 借：预收账款 　　贷：主营业务收入等
钱未付，费用已确认	应计费用	负债	期末调整时：按归属期确认本期费用 借：费用类 　　贷：负债类（应付职工薪酬、应付利息等） 实际支付时： 借：负债类 　　贷：库存现金（银行存款）
钱未收，收入已发生	应计收入	资产	期末调整时：按归属期确认本期收入 借：资产类（应收账款等） 　　贷：收入类 实际收到款项时： 借：库存现金（银行存款） 　　贷：资产类
计提资产减值准备	估计项目	资产的抵减	期末计提坏账准备： 借：信用减值损失 　　贷：坏账准备 实际发生坏账： 借：坏账准备 　　贷：应收账款

3. 手工核算下的账务处理程序

会计凭证、会计账簿和会计报表之间不同的结合方式，形成了不同的账务处理程序，这类处理程序又称为会计核算组织程序或会计核算形式。我国在实践中形成的账务处理程序主要包括：记账凭证账务处理程序、科目汇总表账务处理程序、汇总记账凭证账务处理程序和多栏式日记账账务处理程序。

不同账务处理程序主要的不同在于登记总账的依据不同。

4. 会计信息系统的发展

随着会计信息处理技术的发展，大致出现了手工会计信息系统、机械会计信息系统和电子计算机会计信息系统。

手工会计信息系统与电子计算机会计信息系统在基本目标、基本会计理论与方法、遵循的基本法规、系统的基本功能等方面都是一致的，但在系统初始化、账务处理程序、信息存储方式、内部控制制度、会计的管理职能等方面存在差异。

5. 电子计算机会计信息系统

电子计算机会计信息系统发展大致经历了物料需求计划、闭环物料需求计划、制造资源计划、企业资源计划四个阶段，未来网络技术、会计理论及管理思想等各个方面的发展都会对会计信息系统产生影响。

▶7.2 难点、疑点解析◀

1. 账务处理程序与会计报表之间的关系

账务处理程序是指会计凭证、会计账簿和会计报表之间的结合方式不同，形成了不同的账务处理程序，又称为会计核算组织程序或会计核算形式。账务处理程序主要的不同在于登记总账的依据不同。从会计凭证到会计账簿的链接的不同，导致会计人员的分工和工作效率不同。

不管采用哪种账户处理程序，都不会影响财务报表的质量与金额，根据不同账务处理程序编制的会计账簿和会计报表的结果是相同的。

2. 会计确认、会计计量、会计记录、会计报告与会计循环之间的关系

会计确认是指依据一定的标准，辨认哪些数据能够输入、何时输入会计信息系统，以及如何进行报告的过程。

会计计量是指为了将符合确认条件的会计要素登记入账，并列报于财务报表而确定其金额的过程，企业应该按照规定选择计量尺度（计量属性＋计量单位），确定计量规则，分配数额。

会计记录是对资金运动过程中，经过确认可以进入会计信息系统进行处理的每项数据，运用预先设计的账户和相关的文字及金额，按复式记账的要求，在账簿上加以登记。

会计报告是把会计所形成的财务信息在会计报表中进行"列式"和在附注及其他报告中进行"披露"，将信息传递给会计信息使用者的手段。

会计循环是指将企业一定期间的经济活动转化成会计报表，必须经过许多会计程序。会计循环的基本步骤包括：编制会计分录、过账（登账）、编制调整前试算平衡表、编制期末调整分录并过账、编制调整后试算平衡表、编制会计报表、结账等。这些程序周而复始，循环往复。这个过程中就包括会计确认、计量、记录和报告。

首先，企业需要进行会计确认，对发生的各项经济活动进行识别、判断，确定其是否进入以及何时计入会计信息系统，并确定其在哪些会计账户中进行记录，以及是否在财务报表中进行披露。其次，按照会计准则的相关规定选择合适的会计计量属性进行计量，确定记录金额。再次，对于上述经济活动的确认内容和计量结果通过会计账户（会计账簿）做出全面、完整系统的记录。最后，在会计期末，将账户中记录的企业经济活动进行汇总，按照规定的形式（主要是以财务报表的方式）进行会计报告，最终向会计信息使用者提供关于企业财务状况、经营成果和现金流量等信息。

►7.3　练　习　题◄

一、单选题

1. 下列属于应计收入的调整分录是（　　）。
A. 借：现金　　　　　　　　　　B. 借：应收账款
　　贷：其他应收款　　　　　　　　　贷：其他业务收入
C. 借：银行存款　　　　　　　　D. 借：其他业务收入
　　贷：其他业务收入　　　　　　　　贷：现金

2. 下列属于应计费用的调整分录是（　　）。
A. 借：管理费用　　　　　　　　B. 借：预提费用
　　贷：应付职工薪酬　　　　　　　　贷：银行存款
C. 借：待摊费用　　　　　　　　D. 借：管理费用
　　贷：银行存款　　　　　　　　　　贷：现金

3. 下列属于预付费用的调整分录是（　　）。
A. 借：管理费用　　　　　　　　B. 借：预提费用
　　贷：应付职工薪酬　　　　　　　　贷：银行存款
C. 借：待摊费用　　　　　　　　D. 借：管理费用
　　贷：其他应收款　　　　　　　　　贷：其他应收款

4. 企业 7 月预付下半年 6 个月的财产保险费 120 000 元，根据收付实现制原则，本月发生的租金费用为（　　）。
A. 0　　　　　　B. 120 000 元　　　　C. 不能确定　　　　D. 20 000 元

5. 企业在 12 月预付下一年度的广告费 240 000，按照权责发生制原则，12 月应确认的广告费用为（　　）。
A. 0　　　　　　B. 240 000 元　　　　C. 不能确定　　　　D. 20 000 元

6. 如果预计支付和收益相差时间超过一个会计年度，则这种支出称为（　　）。
A. 收益性支出　　　　　　　　　B. 资本性支出
C. 临时性支出　　　　　　　　　D. 永久性支出

7. 企业的会计凭证、会计账簿、会计报表相结合的方式为（　　）。
A. 账簿组织　　　　　　　　　　B. 账务处理程序
C. 会计报表组织　　　　　　　　D. 会计工作组织

8. 记账凭证账务处理程序的主要特点是（　　）。
A. 根据各种记账凭证编制汇总记账凭证
B. 根据各种记账凭证逐笔登记总分类账
C. 根据各种记账凭证编制科目汇总表
D. 根据各种汇总记账凭证登记总分类账

9. 记账凭证账务处理程序的适用范围是（　　）。

A. 规模较大、经济业务量较多的单位

B. 采用单式记账的单位

C. 规模较小、经济业务量较少的单位

D. 会计基础工作薄弱的单位

10. 科目汇总表账务处理程序比记账凭证账务处理程序增设了（　　）。

A. 原始凭证汇总表　　　　　　B. 汇总原始凭证

C. 科目汇总表　　　　　　　　D. 汇总记账凭证

11. 科目汇总表账务处理程序的缺点是（　　）。

A. 不能反映账户对应关系　　　B. 不便于试算平衡

C. 登记总账的工作量大　　　　D. 不便于采用计算机处理

12. 汇总记账凭证账务处理程序的缺点是（　　）。

A. 不便于分工记账　　　　　　B. 不能反映账户的对应关系

C. 登记总账的工作量大　　　　D. 汇总记账凭证的工作量较大

13. 既能汇总登记总分类账，减轻总账登记工作，又能明确反映账户对应关系，便于查账、对账的账务处理程序是（　　）。

A. 记账凭证账务处理程序　　　B. 汇总记账凭证账务处理程序

C. 科目汇总表账务处理程序　　D. 日记总账账务处理程序

14. 科目汇总表账务处理程序与汇总记账凭证账务处理程序的主要相同之处是（　　）。

A. 登记总账的依据相同　　　　B. 记账凭证汇总的方法相同

C. 汇总凭证的账相同　　　　　D. 都需要对记账凭证的资料进行汇总

15. 各种不同的账务处理程序之间最大的不同点是（　　）。

A. 登记总账　　　　　　　　　B. 登记明细账

C. 登记日记账　　　　　　　　D. 填制记账凭证

二、多选题

1. 会计循环包括（　　）。

A. 设置账户　　　　　　　　　B. 编制会计分录、过账、调账、结账

C. 试算平衡　　　　　　　　　D. 编制会计报表

2. 以下哪些属于期末账项调整事项（　　）。

A. 预付费用　　　B. 预收收入　　　C. 应计费用和收入　　　D. 估计项目

3. 按照权责发生制原则，以下应确认为当期费用的项目是（　　）。

A. 支付下一年度的财产保险费 9 000 元

B. 支付购买商品的定金 12 000 元

C. 计提本月管理部门用机器折旧费 1 000 元

D. 报销职工差旅费 500 元

4. 记账凭证账务处理程序的优点有（　　）。

A. 登记总分类账的工作量较小

B. 账务处理程序简明，容易理解

C. 总分类账登记详细，便于查账、对账

D. 适用于规模大、业务量多的大型企业

5. 汇总记账凭证账务处理程序下，会计凭证方面除设置收款凭证、付款凭证、转账凭证外，还应设置（　　）。

A. 科目汇总表　　　　　　　　　B. 汇总收款凭证

C. 汇总付款凭证　　　　　　　　D. 汇总转账凭证

6. 科目汇总表账务处理程序的特点有（　　）。

A. 便于用计算机处理　　　　　　B. 根据原始凭证归类编制

C. 可作为登记总账的依据　　　　D. 可起试算平衡的作用

7. 在各种账务处理程序中，相同的会计账务处理工作有（　　）。

A. 编制汇总记账凭证　　　　　　B. 登记现金、银行存款日记账

C. 登记总分类账和各种明细账　　D. 编制会计报表

8. 在各种账务处理程序中，能减少登记总账工作量的是（　　）。

A. 记账凭证账务处理程序　　　　B. 日记总账账务处理程序

C. 汇总转账凭证编制法　　　　　D. 科目汇总表编制法

9. 多栏式日记账账务处理程序登记总账的依据是（　　）。

A. 多栏式现金日记账　　　　　　B. 多栏式银行存款日记账

C. 转账凭证科目汇总表　　　　　D. 汇总记账凭证

E. 记账凭证

10. 以下关于账务处理程序说法正确的是（　　）

A. 记账凭证账务处理程序一般适用于企业规模较大、经济业务频繁的企业

B. 多栏式日记账账务处理程序一般适用于企业规模较小、经济业务较简单的企业

C. 科目汇总表最大的缺点是不能反映各科目的对应关系

D. 汇总记账凭证能反映各科目的对应关系

三、练习题

练习坏账准备的核算，请根据以下业务，编制企业期末调整分录。

（1）20×2 年 12 月 31 日，A 公司对应收 B 公司的账款进行减值测试。应收账款余额合计为 100 000 元，A 公司根据 B 公司的情况确定按 5%计提坏账准备。20×2 年末，A 公司的会计处理为？

（2）20×3 年 3 月 1 日，A 公司对 B 公司的应收账款实际发生坏账损失 3 000 元，A 公司的会计处理为？

（3）20×3 年 12 月 31 日，A 公司对 B 公司的应收账款余额为 120 000 元，仍按 5%计提坏账准备，则会计处理为？

（4）20×4 年 2 月 10 日，A 收回 B 公司已确认的坏账 2 000 元，A 公司的会计处理为？

四、案例分析题

王同学在上会计学原理时很烦恼，特别是一般的会计原理课程都有手工模拟课程，大量原始凭证、记账凭证和会计账簿需要填制，最后还要自己动手编报表，他觉得这些工作太琐碎了，现在都人工智能时代了，会计也早就实现信息化了，为什么学习会计学原理时还要做手工账？请谈谈你的看法。

▶7.4　参考答案◀

一、单选题

（1~5）　B　　A　　D　　B　　A
（6~10）　B　　B　　B　　C　　C
（11~15）A　　D　　B　　D　　A

二、多选题

1. BCD	2. ABCD	3. CD	4. BC	5. BCD
6. CD	7. BCD	8. CD	9. ABC	10. CD

三、练习题

（1）借：信用减值损失　　　　　　　　　　　　　　　　5 000
　　　　贷：坏账准备　　　　　　　　　　　　　　　　　　5 000
（2）借：坏账准备　　　　　　　　　　　　　　　　　　3 000
　　　　贷：应收账款——B 公司　　　　　　　　　　　　　3 000
（3）借：信用减值损失　　　　　　　　　　　　　　　　4 000
　　　　贷：坏账准备　　　　　　　　　　　　　　　　　　4 000
（4）借：应收账款——B 公司　　　　　　　　　　　　　2 000
　　　　贷：坏账准备　　　　　　　　　　　　　　　　　　2 000
　　借：银行存款　　　　　　　　　　　　　　　　　　2 000
　　　　贷：应收账款——B 公司　　　　　　　　　　　　　2 000

四、案例分析题

随着社会和信息技术的发展，会计的形式也在不断发展。现在很多企业实行会计电算化，但依然有众多的中小微企业受到成本等因素限制依然停留在手工会计阶段。电子会计信息系统和手工会计信息系统只是工具不同，它们都属于会计信息系统，有许多相同之处。

两者的相同点如下。

（1）基本目标一致。两者都是对企业的经济活动进行记录和核算，两者的目标都是财务报告目标，根据我国会计准则的规定，财务报告的目标都是向财务会计报告使用者提供与企业财务状况、经营成果和现金流量等有关的会计信息，反映企业管理层受托责任的履行情况，帮助财务会计报告使用者做出经济决策。

（2）基本会计理论与方法一致。不管是手工会计信息系统还是电子会计信息系统抑或将来的人工智能会计信息系统，都要遵循基本的会计理论与方法，目前它们都采用复式记账的基本原理与方法。

（3）遵循的基本法规一致。会计信息作为对外披露的信息，要实现会计目标，保证会计系统的真实可靠性等，都要遵守国家的各项会计法规，遵循会计准则。

（4）系统的基本功能相同。作为会计信息系统，不论其形式怎样，其本质都是信息系统，都应具备信息的采集、输入、存储、加工处理和输出这些基本功能。

两者的区别如下。

（1）系统初始化。手工会计信息系统的初始工作包括设置会计科目、开设总账、登记余额等，而电子会计信息系统初始设置会计科目除了与手工会计信息系统类似的工作外，还需要将与组织的管理流程有关的信息输入计算机，并进行大量的功能设置。

（2）账务处理程序。在手工会计信息系统下，根据原始凭证登记记账凭证，再根据记账凭证登记会计账簿、总账和明细账平行登记，需要过账、对账等。在电子计算机会计信息系统下，过账则由计算机自动完成，不需要平行登记，因此，电子计算机会计信息系统下不存在多种账务处理程序。此外，在信息的存储方式、内部控制制度、会计的管理职能等方面两者也存在不同。

因此，两者有异同，从学习角度，会计是理论与实操性并重的课程，作为会计学原理的初学者，我们需要在手工模拟中将会计理论知识应用于实践，了解企业完整的会计循环，了解会计信息系统完整的过程，通过手工模拟学习将理论知识通过实际的动手与操作转化为会计专业技能。

从实务角度，只有通过手工模拟学习了解会计整个循环，才能更好地理解与运用电子会计信息系统，也才能更好地适应将来人工智能会计信息系统的发展。而且在当前依然有数量众多的中小微企业在发展过程中离不开手工会计等相关支持，需要会计专业人员发挥专业知识帮助其不断发展壮大，实现企业的成长，只有这样，才能有更多又大又强的企业出现。

▶7.5　思考讨论题◀

2022 年 7 月 30 日由上海国家会计学院主办，金蝶软件等公司联合主办的"会计科技 Acctech 应对不确定性挑战"高峰论坛在沪举行。论坛上公布了"2022 年影响中国会计人员的十大信息技术"评选结果。本次评选前后历经 4 个月,遴选了来自学术界、实务界、软件厂商、专业机构的 198 位专家,推选出 35 项技术作为十大信息技术的候选技术、16 项技术作为五大潜在影响技术的候选技术。面向专家和广大会计从业人员,通过网络在线投票分别选出 10 项影响会计人员的信息技术和 5 项潜在影响的信息技术,共获得公众投票有效样本 6 769 份、专家投票有效样本 198 份。这 10 项技术及其支持率分别如下:

(1)财务云 53.6%;

(2)会计大数据分析与处理技术 51.3%;

(3)流程自动化(RPA 和 IPA)48.1%;

(4)中台技术(数据、业务、财务中台等)47.1%;

(5)电子会计档案 47.0%;

(6)电子发票 45.4%;

(7)在线审计与远程审计 39.0%;

(8)新一代 ERP 35.2%;

(9)在线与远程办公 31.7%;

(10)商业智能(BI)27.6%。

另外 2022 年五大潜在影响技术排名则是金税四期与大数据税收征管、业财税融合与数据编织、大数据多维引擎与增强分析、机器人任务挖掘与智能超级自动化、分布式记账与区块链审计。

◎ 请同学们搜集相关资料,了解这些新技术对会计的影响。

第8章 会计规范体系与会计工作组织

📖 **内容框架**

我国的会计规范体系；会计机构的设置和会计人员的配备；会计专业技术人员继续教育的规定；会计档案的管理要求；会计职业道德的内容。

▶8.1 学 习 指 导◀

1. 会计规范体系

目前，我国已经建立以《会计法》为核心、以行政法规和部门规章为支持的完整的会计规范体系，将会计标准建设纳入法治化、规范化轨道。我国的会计规范体系主要包括以下三个层次。

第一层次是会计法律，由全国人民代表大会及其常务委员会颁布实施。专门的会计法律即《会计法》，它在会计法规体系中居最高层次，是制定其他会计法规的依据，也是指导会计工作的基本规范。

第二层次是行政法规，由国务院制定发布，如《企业财务会计报告条例》《总会计师条例》等。会计法规根据《会计法》制定，规范经济生活中的会计关系。

第三层次是部门规章，由财政部依据会计法律和会计法规制定颁布。

除了以上专门规范会计的法规之外，其他有关法律中对财务会计核算、财务会计报告编制、信息披露等方面的规定，也为会计核算与监督提供了法律支持。这些法律法规同样是会计法规体系的组成部分。我国主要的会计规范体系见图8-1。

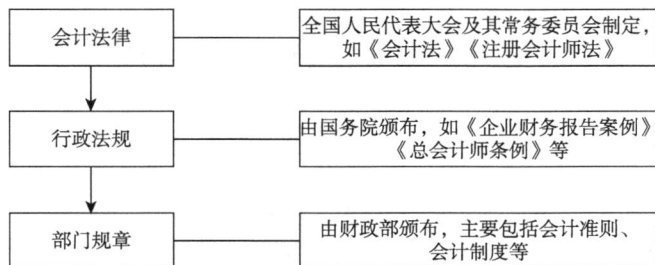

```
┌──────────┐      ┌────────────────────────────────┐
│  会计法律  │─────▶│ 全国人民代表大会及其常务委员会制定,  │
└────┬─────┘      │ 如《会计法》《注册会计师法》           │
     │            └────────────────────────────────┘
     ▼
┌──────────┐      ┌────────────────────────────────┐
│  行政法规  │─────▶│ 由国务院颁布,如《企业财务报告案例》   │
└────┬─────┘      │ 《总会计师条例》等                    │
     │            └────────────────────────────────┘
     ▼
┌──────────┐      ┌────────────────────────────────┐
│  部门规章  │─────▶│ 由财政部颁布,主要包括会计准则、       │
└──────────┘      │ 会计制度等                           │
                  └────────────────────────────────┘
```

图8-1 我国主要的会计规范体系

2. 企业会计准则体系

目前，我国会计准则包括企业会计准则、小企业会计准则和非企业会计准则。企业会计准则由基本准则、具体准则、会计准则应用指南和解释公告组成，详见图8-2。

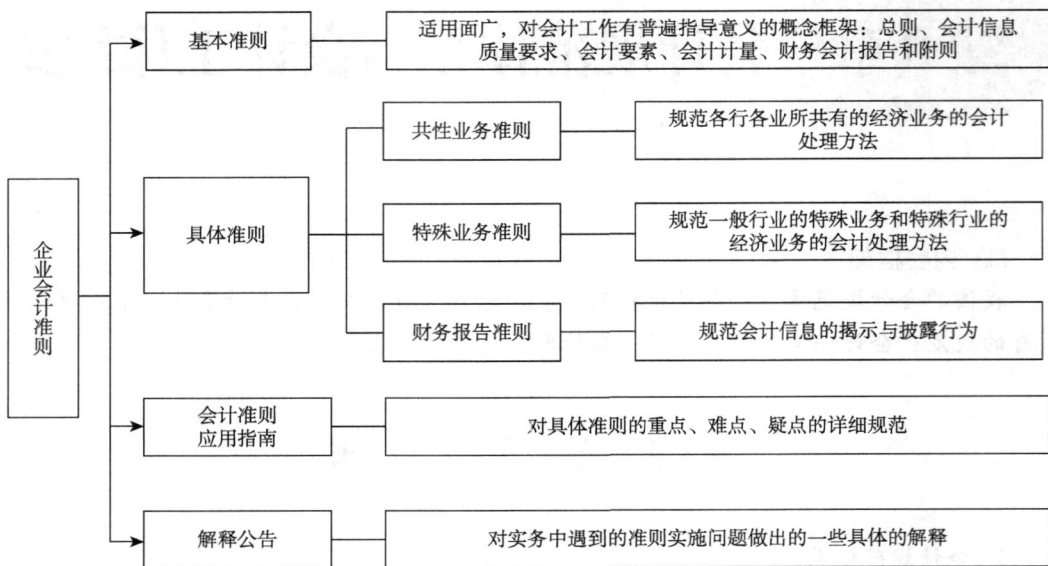

图 8-2　我国企业会计准则体系

3. 会计工作管理体制

《会计法》明确规定：国务院财政部门主管全国的会计工作，县级以上地方各级人民政府财政部门管理本行政区域内的会计工作。可见，我国会计在管理体制上实行"统一领导、分级管理"的原则。

4. 会计机构

《会计法》规定：各单位应当根据会计业务的需要，设置会计机构，或者在有关机构中设置会计人员并指定会计主管人员。根据《会计法》的规定，各单位需要科学、合理地组织会计工作。会计机构组织在处理本单位会计业务时，可以根据内部经营管理需要实行集中核算和非集中核算。会计机构需建立岗位责任制和内部稽核制度。

5. 会计人员专业技术资格及其继续教育规定

2017年11月之前我国《会计法》规定："从事会计工作的人员，必须取得会计从业资格证书。会计人员从业资格管理办法由国务院财政部门规定。"我国实行会计从业资格考试制度。2017年11月修正后的《会计法》取消会计从业资格证书的相关要求，规定：会计人员应当具备从事会计工作所需要的专业能力。

我国将会计人员的专业技术职称定为高级会计师、会计师、助理会计师和会计员。高级会计师为高级职称，会计师为中级职称，助理会计师为初级职称。目前，初级、中级两个级别的会计资格实行考试制度，高级会计专业技术资格采取考试与评审相结合的方式。初级会计专业技术资格考试科目为《初级会计实务》《经济法》两个科目；中级会计专业技术资格考试科目为《中级会计实务》《财务管理》《经济法》三个科目；高级会计专业技术资格考试的科目为《高级会计实务》。

《会计法》规定：会计人员应当遵守职业道德，提高业务素质。对会计人员的教育和培训工作应当加强。为了规范会计专业技术人员继续教育，保障会计专业技术人员合法权益，不断提高会计专业技术人员素质，根据《会计法》和《专业技术人员继续教育规定》，财政部于 2018 年 5 月 19 日发布《会计专业技术人员继续教育规定》，自 2018 年 7 月 1 日起施行。

6. 会计档案管理

2015 年 12 月 11 日财政部和国家档案局根据《会计法》《中华人民共和国档案法》等有关法律和行政法规，制定《会计档案管理办法》，对各企业单位会计档案管理做出明确具体的规定，自 2016 年 1 月 1 日起施行。

会计档案一般包括如下内容：①会计凭证，包括原始凭证、记账凭证；②会计账簿，包括总账、明细账、日记账、固定资产卡片及其他辅助性账簿；③财务会计报告，包括月度、季度、半年度、年度财务会计报告；④其他会计资料，包括银行存款余额调节表、银行对账单、纳税申报表、会计档案移交清册、会计档案保管清册、会计档案销毁清册、会计档案鉴定意见书及其他具有保存价值的会计资料。

会计档案的管理、归档、保管期限、移交、销毁等均有明确规定。会计档案保管期限见表 8-1。

表 8-1　会计档案保管期限

序号	档案名称	保管期限
一、会计凭证		
1	原始凭证	30 年
2	记账凭证	30 年
二、会计账簿		
3	总账	30 年
4	明细账	30 年
5	日记账	30 年
6	固定资产卡片账	固定资产报废清理后保管 5 年
7	其他辅助性账簿	30 年
三、财务会计报告		
8	月度、季度、半年度财务会计报告	10 年
9	年度财务会计报告	永久
四、其他会计资料		
10	银行存款余额调节表	10 年
11	银行对账单	10 年
12	纳税申报表	10 年
13	会计档案移交清册	30 年
14	会计档案保管清册	永久
15	会计档案销毁清册	永久
16	会计档案鉴定意见书	永久

7. 会计职业道德

从事会计工作的职业人员应具备相应的职业道德。

财政部 1996 年 6 月颁发的《会计基础工作规范》，首次较系统地提出会计职业道德的具体要求，内容包括：爱岗敬业、熟悉法规、依法办事、客观公正、提高技能、保守机密。会计人员应具备良好的业务素质、能力素质和道德品质。

2009 年 10 月 18 日，中国注册会计师协会发布《中国注册会计师职业道德守则》，提出注册会计师职业道德基本原则、概念框架，提供专业服务的基本要求、审计和审阅及其他业务对独立性的要求。同时还发布《中国注册会计师协会非执业会员职业道德守则》，在职业道德基本原则、职业道德概念框架、潜在冲突、信息的编制和报告等方面做出规定。职业道德守则自 2010 年 7 月 1 日起施行。

为了顺应经济社会发展，应对注册会计师诚信和职业道德水平提出更高的要求，规范中国注册会计师协会会员的职业行为，进一步提高职业道德水平，维护职业形象，保持与国际职业会计师道德守则的持续动态趋同。中国注册会计师协会 2020 年 12 月 17 日发布全面修订后的《中国注册会计师职业道德守则》和《中国注册会计师协会非执业会员职业道德守则》。其中，修订后的《中国注册会计师职业道德守则》具体包括《中国注册会计师职业道德守则第 1 号——职业道德基本原则》《中国注册会计师职业道德守则第 2 号——职业道德概念框架》《中国注册会计师职业道德守则第 3 号——提供专业服务的具体要求》《中国注册会计师职业道德守则第 4 号——审计和审阅业务对独立性的要求》《中国注册会计师职业道德守则第 5 号——其他鉴证业务对独立性的要求》，守则自 2021 年 7 月 1 日起施行。

▶8.2　难点、疑点解析◀

1. 基本会计准则与具体会计准则的关系

我国已建立和实施完备的会计准则体系，规范企业及其他组织的会计行为，保证基本的会计信息的质量，为我国市场经济的有效运行和资源配置效率的提高奠定基础。

《企业会计准则——基本准则》是指那些适用面广，对会计工作有着普遍指导意义的准则，其在整个企业会计准则体系中扮演着概念框架的角色，起着统驭的作用，内容包括总则、会计信息质量要求、资产、负债、所有者权益、收入、费用、利润、会计计量、财务会计报告和附则。

具体准则是在基本准则的基础上对具体交易或者事项进行会计处理的规范；应用指南是对具体准则的一些重点难点问题做出的操作性规范；解释公告是随着企业会计准则贯彻实施，就实务中遇到的实施问题而对准则做出的具体解释。

2. 对出纳人员的规定

《会计法》在规定各单位应当建立会计机构内部稽核制度的同时，突出强调"出纳人员不得兼任稽核、会计档案保管和收入、支出、费用、债权债务账目的登记工作"。

根据复式记账规则，每发生一笔货币资金收付款业务，会引起收入、支出、费用或债权债务等相关会计账簿记录的变化，都需要登记相关会计账簿，而出纳人员是各单位专门负责货币资金收付业务的会计人员，若出纳人员同时兼任收入、支出、费用及债权债务相关会计账簿的登记工作，就会造成既管钱又记账，失去应有的内部监控，存在很大的资金风险。同样道理，如果稽核、会计档案保管等相关工作由出纳人员经管，也难以防范出纳利用抽换单据等原始凭证、涂改会计账簿记录等手段进行舞弊的行为，不利于企业进行内部控制。因此，无论是在手工记账条件下，还是在会计电算化条件下，出纳均不得在记账凭证、会计账簿上登记收入、支出、费用、债权债务相关账目，也不得兼任稽核和会计档案保管。

但是，出纳人员不是完全不能记账，只要所记的账不是收入、支出、费用或者债权债务等直接与单位资金收支增减往来有关的账目，其可以承担一部分记账工作，如固定资产明细账等。

3. 专业技术资格考试制度与注册会计师考试制度

会计人员应当具备从事会计工作所需要的专业能力。为加强会计队伍建设，提高会计人员素质，国家和社会对从事会计工作的人员有一定的资格要求。

专业技术资格考试即通常所说的职称考试。会计专业技术资格实行全国统一组织、统一考试时间、统一考试大纲、统一考试命题、统一合格标准的考试制度。会计专业技术资格分为初级资格、中级资格和高级资格。取得资格后，单位可根据有关规定按照条件聘任相应的专业技术职务。会计人员的专业技术职称定为高级会计师、会计师、助理会计师和会计员。高级会计师为高级职称，会计师为中级职称，助理会计师为初级职称。目前，初级、中级两个级别的会计资格实行考试制度，高级会计专业技术资格采取考试与评审相结合的方式。取得会计专业技术资格的人员，应按照财政部的有关规定，接受相应级别会计人员的继续教育。

注册会计师考试制度是根据《中华人民共和国注册会计师法》规定，全国统一实行的考试制度。注册会计师全国统一考试办法由国务院财政部门制定，由中国注册会计师协会组织实施。具有高等专科以上学校毕业的学历，或者具有会计或者相关专业中级以上技术职称的中国公民，可以申请参加注册会计师全国统一考试；具有会计或者相关专业高级技术职称的人员，可以免于部分科目的考试。参加注册会计师全国统一考试成绩合格，并从事审计业务工作两年以上的，可以向省、自治区、直辖市注册会计师协会申请注册，准予注册的申请人，由注册会计师协会发给申请人国务院财政部门统一制定的注册会计师证书。

因此，一般我们所说会计师是指服务于各特定单位的会计人员。注册会计师是面向客户提供审计、会计咨询等会计专业服务的中介机构执业人员。注册会计师可以在事务所执业，也可以是非执业注册会计师。

►8.3　练　习　题◄

一、单选题

1. 我国会计法规体系中，最高层次的是（　　）。
A. 会计法　　　　B. 会计准则　　　　C. 会计制度　　　D. 会计规章

2. 《中华人民共和国会计法》由（　　）制定和颁布。
A. 国务院　　　　　　　　　B. 人民代表大会及其常务委员会
C. 财政部　　　　　　　　　D. 各级财政部门共同

3. 我国的《企业会计准则——基本准则》的制定机构是（　　）。
A. 企业主管部门　　　　　　B. 财政部
C. 国务院　　　　　　　　　D. 企业自身

4. 我国的企业会计准则分为两个层次，它们是（　　）。
A. 基本准则和具体准则　　　　B. 一般准则和特殊准则
C. 通用业务准则和特殊业务准则　　D. 会计要素准则和会计报表准则

5. 在我国代表国家对会计工作行使职能的政府部门是（　　）。
A. 国务院　　　　B. 审计部门　　　　C. 财政部门　　　D. 税务部门

6. 下列属于我国会计法规体系中的第二层次的是（　　）。
A. 会计法　　　B. 会计准则　　　C. 会计制度　　　D. 财务会计报告条例

7. 在一些规模小、会计业务简单的单位，应（　　）。
A. 单独设置会计机构
B. 在其他有关机构中设置会计人员
C. 不设置会计机构
D. 在单位行政领导机构中设置会计人员

8. 集中核算方式是把（　　）主要会计核算工作都集中在企业会计机构进行。
A. 整个企业　　　　　　　　B. 企业某些重要部门
C. 企业的主要生产经营单位　　D. 各职能管理部门

9. 在大中型企业中，组织企业会计工作和经济核算工作的是（　　）。
A. 总经理　　　B. 总会计师　　　C. 高级会计师　　　D. 注册会计师

10. 按照我国《会计档案管理办法》的规定，记账凭证的保管期限是（　　）。
A. 10年　　　　B. 15年　　　　C. 30年　　　　　D. 永久

11. 担任会计机构负责人（主管会计人员）的，应具备会计师以上的专业技术资格或者从事会计工作一定时间以上的经历。该经历的时间是（　　）。
A. 2年　　　　B. 5年　　　　C. 4年　　　　　D. 3年

12. 一般会计人员办理会计工作交接手续时，负责监交的人员应当是（　　）。
A. 其他会计人员　　　　　　B. 会计机构负责人、会计主管人员

C. 单位负责人　　　　　　　　D. 单位其他管理人员

13. 根据《会计法》的规定，会计机构和会计人员应当按照国家统一的会计制度的规定对原始凭证进行认真审核，对不真实、不合法的原始凭证有权不予受理，并向（　　）。

A. 上级主管单位负责人报告　　　B. 本单位负责人报告

C. 会计机构负责人报告　　　　　D. 总会计师报告

14. 按照《会计人员继续教育规定》的要求，会计专业技术人员接受继续教育培训的学分（　　）。

A. 每年不少于 60 学分　　　　　B. 每年不少于 80 学分

C. 每年不少于 90 学分　　　　　D. 每年不少于 100 学分

15. 根据《会计工作基础规范》的规定，下列各项中，出纳人员能够从事的业务是（　　）。

A. 稽核工作

B. 固定资产卡片的登记工作

C. 收入、费用、债权债务账目的登记工作

D. 会计档案保管工作

二、多选题

1. 根据基本会计准则，会计计量属性包括（　　）。

A. 历史成本　　　B. 重置成本　　　C. 可变现净值　　　D. 现值

E. 公允价值

2. 下列（　　）具体会计准则是特殊业务准则。

A. 租赁　　　　　　　　　　　　B. 所得税

C. 外币折算　　　　　　　　　　D. 企业合并

3. 单位设置会计机构应根据（　　）来确定。

A. 单位规模的大小　　　　　　　B. 领导者的意图

C. 经济业务的繁简　　　　　　　D. 经营管理的要求

4. 无论企业实行集中还是非集中核算形式，（　　）业务都应集中在会计部门进行。

A. 现金收付　　　　　　　　　　B. 银行存款收付

C. 应收和应付账款结算　　　　　D. 存货收发

5. 从事会计工作的人员（　　）。

A. 必须取得会计从业资格证书　　B. 具备从事会计工作所需要的专业能力

C. 熟悉国家法律法规　　　　　　D. 遵守会计职业道德

6. 下列关于会计职业道德作用的表述中，正确的有（　　）。

A. 会计法律制度的重要补充　　　B. 帮助实现会计目标的重要保证

C. 规范会计行为　　　　　　　　D. 促进会计人员提高职业素质

7. 以下关于会计档案保管期限，说法正确的是（　　）。

A. 会计凭证类，30 年　　　　　　B. 会计账簿，30 年

C. 会计报告，永久　　　　　　　D. 银行对账单，10 年

8. 以下属于会计专业技术人员继续教育的形式的是（　　）。

A. 参加会计类专业会议

B. 公开出版会计类书籍

C. 参加会计专业类学历（学位）教育

D. 参加会计专业技术教育培训

9. 以下属于注册会计师职业道德的基本要求的是（　　）。

A. 保持实质上和形式上的独立

B. 保持和提高专业胜任力

C. 在提供良好专业服务基础上科学收费

D. 谨慎承接与鉴证业务不相容的工作

10. 注册会计师的职业道德基本原则包括（　　）。

A. 履行社会责任，恪守独立、客观、公正的原则

B. 保持应有的职业谨慎

C. 遵守审计准则等职业规范

D. 履行对客户的责任以及对同行的责任

三、案例分析题

曾同学在上完学校的"创新创业基础"课后，决定创业。在学校附近租了一间小格子铺开奶茶店，并专门去找学校食品学院的老师学习奶茶制作手艺，勤加练习，所以奶茶店的生意非常火爆，因为奶茶店的业务简单，加上为了减少不必要支出，曾同学决定自己记账，曾某经常请同学们和亲戚到奶茶店喝茶，也从来不记账，因为他觉得反正都是自己家的东西。但是工商局和税务局的人来检查时指出他没有遵守我国相关制度要求，未建立企业的会计制度，记账随意性很多，这样也容易有偷税漏税嫌疑。

曾同学觉得很委屈，不是说取消会计从业资格证后谁都可以做会计了吗？而且奶茶店就是他自己的，企业有经营自主权，为什么会计一定要按照国家规定的会计准则去做，而且为什么自己店的东西自己喝还要记账？

曾同学的做法是否正确，为什么？请谈谈你的看法。

▶8.4　参　考　答　案◀

一、单选题

（1~5）　A　B　B　A　C

（6~10）D　B　A　B　C
（11~15）D　B　B　C　B

二、多选题

1. ABCDE　　2. ABCD　　3. ACD　　4. ABC　　5. BCD
6. ABCD　　7. ABD　　8. ABCD　　9. ABCD　　10. ABCD

三、案例分析题

2017 年 11 月之前我国《会计法》规定："从事会计工作的人员，必须取得会计从业资格证书。会计人员从业资格管理办法由国务院财政部门规定。"我国实行会计从业资格考试制度。2017 年 11 月修正后的《会计法》取消会计从业资格证书的相关要求，规定：会计人员应当具备从事会计工作所需要的专业能力。

《会计法》规定：会计人员应当遵守职业道德，提高业务素质。对会计人员的教育和培训工作应当加强。为了规范会计专业技术人员继续教育，保障会计专业技术人员合法权益，不断提高会计专业技术人员素质，我国颁布了《会计法》和发布了《会计专业技术人员继续教育规定》。财政部于 2018 年 5 月 19 日发布的《会计专业技术人员继续教育规定》指出，会计专业技术人员参加继续教育实行学分制管理，每年参加继续教育取得的学分不少于 90 学分。

因此，曾同学如果想自己做账，要具备从事会计工作所需要的专业能力，而且要按照规定每年参加继续教育。

企业虽然有经营自主权，但是企业会计工作必须按照国家会计准则及相关的规定来进行处理。根据《会计法》和相关法律，对于会计工作、会计人员、会计制度都有相关制度规定。只有企业按照会计准则进行会计核算，提供的会计信息才具备可靠性、可比性等。按照税法规定，个体工商户要缴纳个人所得税，个人所得税的计税基础是经营收入，曾同学将自己的商品随意领用，业主自用的商品应该视同销售，在计算缴纳个人所得税时应当计入计税基础，也应记账。

▶8.5　思考讨论题◀

2019 年 8 月 4 日，《经济观察报》曝光了新三板最大财务造假案：华新能源两年虚增营收近 9 亿元。

2019 年 7 月 31 日，中国证券监督管理委员会陕西监管局（以下简称陕西证监局）披露了一则行政处罚决定书，新三板公司西安华新新能源股份有限公司（以下简称华新能源，股票代码为 834368）及公司董事长、董事、董秘等高管合计被处罚 64 万元，处罚原因是华新能源错误披露了定期报告的审计意见以及虚增营业收入、利润。

据陕西证监局调查，华新能源 2016~2017 年两年合计虚增营业收入 8.63 亿元，虚增营业利润2.64亿元。自全国中小企业股份转让系统于2013年初正式揭牌运营以来，此次华新能源虚增营业收入和营业利润金额为最高。

据《经济观察报》记者不完全统计，此前，参仙源、科捷锂电、现代农装和新绿股份等几家新三板公司曝出财务造假案，最高虚增营收为7.25亿元，最高虚增利润为1.29亿元，此次华新能源两年合计虚增营业收入8.63亿元，虚增营业利润2.64亿元，造假金额创出新高。

华新能源官网显示，公司于1998年成立，注册资本3.52亿元，2015年在国内新三板交易市场挂牌上市。公司自成立以来一直专注于工业节能开发利用的专业化技术服务，以工程承包模式从事可再生能源发电、工业能源再利用、余热余压发电等工业节能项目的设计、系统集成、工程建设及运营管理。自2010年以来累计建设的项目总装机突破1 000MW。

挂牌之初，华新能源的业绩表现抢眼。2015年年报显示，公司当年实现营业收入11.35万元，同比增长42.37%；实现营业利润2.42亿元，同比增长了57.94%；实现归属于公司股东的净利润2.07亿元，比上年同期增长了58.85%。

然而，2018年8月22日，华新能源收到陕西证监局发出的编号为"陕证调查字2018013号"的调查通知书，称因华新能源涉嫌违反《中华人民共和国证券法》有关规定，陕西证监局决定对其立案调查。

历时近一年，调查结果终于水落石出。陕西证监局于2019年7月31日披露的行政处罚决定书显示，2015年5月，华新能源及子公司新环能源与新疆可克达拉建设投资经营有限公司（以下简称可克达拉公司）签署《霍尔果斯循环经济一体化产业园及余热综合利用项目工程设计、采购、施工总承包合同（EPC）》、《霍尔果斯循环经济一体化产业园及余热综合利用项目（一期）工程设计、采购、施工总承包合同（EPC）》（以下简称新疆项目）。该项目的合同金额合计22.72亿元。新疆项目于2015年5月开工建设。2015年12月，新疆道建能源有限公司（以下简称道建公司）成立，华新能源及新环能源与道建公司重新签订合同，新疆项目发包主体更换为道建公司。借此，道建公司成为华新能源的核心客户。华新能源2015年年报显示，公司前五大客户中，道建公司一家就贡献了7.79亿元的销售额，占华新能源该年68.69%的年度销售额。

提前确认收入导致虚增营业收入是上市公司常用的财务舞弊手段。陕西证监局调查发现，新疆项目于2017年底因相关环境评估未批复而停工，截至调查结束日仍处于停工状态。新疆项目实际完工进度未达到98.95%，华新能源对上述项目2016年及2017年完工进度及收入、成本确认存在差错，导致公司2016年年报虚增营业收入6.01亿元、虚增营业利润1.84亿元，虚增金额分别占当期披露金额的50.25%、64.79%；2017年年报虚增营业收入2.62亿元、虚增营业利润0.8亿元，虚增金额分别占当期披露金额的28.39%、43.72%。

华新能源2017年年报显示，新疆项目建造合同采用完工百分比法确认收入，合同完工进度按累计实际发生的合同成本占合同预计总成本的比例确定。截至2017年12月31日，公司按账面已投入工程成本及项目预算数计算出新疆项目完工进度为98.95%，并据此确认收入、成本。

对于新疆项目目前的完工进度具体达到何种程度，华新能源董秘汪博勋对《经济观察报》的记者表示："新疆项目位于中哈边境，路途较远，这边办公室部门的人也很少去，现在也不太清楚是否是复工以及具体的完工进度。"

扣除虚增的营业收入和营业利润后，华新能源 2016 年和 2017 年实际的营业收入分别为 5.96 亿元和 6.61 亿元；营业利润分别为 1 亿元和 1.03 亿元。

审计意见"变脸"

陕西证监局披露的行政处罚决定书显示，华新能源 2017 年年度报告审计机构——大信会计师事务所出具了一份审计报告，公司 2017 年年度报告中财务报告审计意见类型为"保留意见"，且含有三个保留事项。华新能源 2018 年 4 月 26 日披露的 2017 年年度报告中将审计意见类型错误披露为"标准无保留意见"，且未披露相关保留事项。直到 2018 年 5 月才对上述披露错误进行更正。

《经济观察报》记者注意到，审计机构出具的三项保留意见中，其中一项涉及新疆项目。该审计机构表示，华新能源按账面已投入工程成本及项目预算数计算出的完工进度 99%确认收入，截至 2017 年 12 月 31 日累计确认收入合计 22.17 亿元，2017 年度当期确认收入 2.82 亿元。由于记者无法前往现场进行察看，对工程的完工程度无法进行准确判定及核实，从而不能判断该项目确认的收入和成本的准确性。

华新能源对此解释称，因审计工作时间紧张，项目地位于中哈边界，且路途较远、道路施工，未能及时安排会计师的实地走访、察看，导致注册会计师未能获取充分适当的审计证据。

陕西证监局调查还发现，华新能源财务负责人王琪瑞在未获取正式审计报告、未核实保留意见的情况下，将通过 QQ 方式从现场审计人员周某处获悉的审计报告意见类型及审计报告文号告知董秘汪博勋，由汪博勋告知券商予以披露。王琪瑞对公司 2017 年年度报告审计意见类型披露错误，且未披露相关保留事项负有直接责任。

处罚结果显示，华新能源及公司董事长汪冀华、总经理马能财、财务负责人王琪瑞、董秘汪博勋、新环能源副总经理王革运均被处罚，罚款金额合计 64 万元。

◎ 近年，类似的财务造假案例层出不穷，会计界的诚信受到质疑，请结合本章知识，分别从会计师和注册会计师两个角度分析会计职业道德的内容和意义。

《会计学原理》模拟试卷（一）

得分	

一、单选题（本大题共 20 小题，每小题 1 分，共 20 分，每小题备选答案中，只有一个符合题意的正确答案，将你选定的答案编号填入下列答题框内。不选、错选或多选，本小题均不得分）

1.	2.	3.	4.	5.
6.	7.	8.	9.	10.
11.	12.	13.	14.	15.
16.	17.	18.	19.	20.

1. 下列经济业务中，引起资产和所有者权益同时增加的经济业务是（   ）。

A. 从银行提取现金

B. 购入材料货款未付

C. 收到外商投入资本金，款项存入银行

D. 用银行存款购入固定资产

2. 下列账户中，既属于盘存账户，又属于成本类账户的是（   ）。

A. "产成品"账户   B. "生产成本"账户

C. "原材料"账户   D. "固定资产"账户

3. 本期已支付，但应由本期和以后各期负担的费用是（   ）。

A. 预计费用   B. 其他应收款

C. 应收费用   D. 已付费用

4. 下列内容属于制造业企业其他业务收入的是（   ）。

A. 存款利息收入   B. 清理固定资产净收益

C. 销售产品收入   D. 出售材料收入

5. 下列账户中属于实账户的是（   ）。

A. 生产成本   B. 主营业务成本

C. 销售费用　　　　　　　　　　　D. 税金及附加

6. 结账前发现，记账凭证无误，在登记总账时由于疏忽造成借贷方向错误，金额正确，应采用的更正方法是（　　　）。

A. 补充登记法　　B. 红字更正法　　C. 划线更正法　　D. 撕掉重新登记

7. 向银行提取现金以备零用，在编制记账凭证时，一般是编制（　　　）。

A. 现金收款凭证　　　　　　　　　B. 现金付款凭证
C. 转账凭证　　　　　　　　　　　D. 银行存款付款凭证

8. 下列不能作为原始凭证的是（　　　）。

A. 工资计算表　　　　　　　　　　B. 盘存单
C. 银行存款余额调节表　　　　　　D. 差旅费报销单

9. 材料采购人员报销的差旅费应（　　　）。

A. 计入材料的采购成本　　　　　　B. 计入管理费用
C. 计入其他应收款　　　　　　　　D. 以上均可

10. 某企业3月生产甲、乙两种产品投入人工工时分别为4 000工时、3 000工时，本月共发生制造费用35 000元，按照人工工时分配制造费用，则分摊计入甲产品成本的制造费用为（　　　）。

A.35 000元　　　B.20 000元　　　C.15 000元　　　D.17 500元

11. 通过试算平衡能够查出的错误是（　　　）。

A. 漏记经济业务　　　　　　　　　B. 借贷金额不等
C. 记账方向错误　　　　　　　　　D. 重记经济业务

12. "原材料"明细账应采用的格式一般为（　　　）。

A. 三栏式　　　B. 多栏式　　　C. 数量金额式　　D. 平行式

13. 实地盘存制的缺点在于（　　　）。

A. 削弱了对库存财产物资的控制和监督
B. 无法反映财产物资的收入数
C. 记账工作过于烦琐
D. 对财产物资结余数无法确定

14. "预收账款"账户所属明细账户有借方余额，应在资产负债表中下列一个项目内反映（　　　）。

A. 应收账款　　B. 应付账款　　C. 预付账款　　D. 预收账款

15. 通过资产负债表不能了解（　　　）。

A. 企业的经济资源及分布的情况　　B. 企业资金的来源渠道和构成
C. 企业固定资产的情况　　　　　　D. 企业的财务成果及其形成过程

16. 在所有者权益变动表中，与企业本期经营活动无关的项目是（　　　）。

A. 综合收益总额
B. 会计政策变更和前期差错更正的累计影响金额
C. 所有者投资资本和向所有者分配利润
D. 提取的盈余公积

17. 下列项目中, 不影响企业利润总额的是 ( )。

A. 销售费用　　B. 管理费用　　C. 制造费用　　D. 资产减值损失

18. 记账凭证账务处理程序的适用范围是 ( )。

A. 规模较大、经济业务量较多的单位

B. 采用单式记账的单位

C. 规模较小、经济业务量较少的单位

D. 会计基础工作薄弱的单位

19. 根据《会计法》的规定, 会计机构和会计人员应当按照国家统一的会计制度的规定对原始凭证进行认真审核, 对不真实、不合法的原始凭证有权不予受理, 并向 ( )。

A. 上级主管单位负责人报告　　　B. 本单位负责人报告

C. 会计机构负责人报告　　　　　D. 总会计师报告

20. 按照《会计人员继续教育规定》的要求, 会计专业技术人员接受继续教育培训的学分 ( )。

A. 每年不少于 60 学分　　　　　B. 每年不少于 80 学分

C. 每年不少于 90 学分　　　　　D. 每年不少于 100 学分

得分	

二、多选题 (本大题共 10 小题, 每小题 2 分, 共 20 分, 每小题备选答案中, 有两个或两个以上符合题意的正确答案。请将选定的答案编号填入答题框内。不选、错选、少选或多选, 本小题均不得分)

21.	22.	23.	24.	25.
26.	27.	28.	29.	30.

21. 下列关于会计要素之间关系的说法正确的是 ( )。

A. 费用的发生, 会引起资产的减少, 或引起负债的增加

B. 收入的取得, 会引起资产的减少, 或引起负债的增加

C. 收入的取得, 会引起资产的增加, 或引起负债的减少

D. 所有者权益的增加可能引起资产的增加, 或引起费用的增加

22. 下列各项是以会计恒等式为理论依据的有 ( )。

A. 复式记账　　　　　　　　B. 成本计算

C. 编制资产负债表　　　　　D. 试算平衡

23. 永续盘存制与实地盘存制的区别有 ( )。

A. 财产物资在账簿中的记录方法不同

B. 永续盘存制不需要进行财产清查

C. 实地盘存制不需要登记账簿

D. 永续盘存制与实地盘存制适用范围不同

24. 财产清查中查明的各种流动资产盘亏或毁损数，根据不同的原因，报经批准后可能列入的账户有（　　）。

A. 管理费用　　　　　　　　　　B. 营业外收入

C. 营业外支出　　　　　　　　　D. 其他应收款

25. 资产负债表"应收账款"项目应根据（　　）分析计算填列。

A. 应收账款明细账借方余额　　　B. 应收账款明细账贷方余额

C. 预收账款明细账借方余额　　　D. 坏账准备账户贷方余额

26. 以下属于筹资活动产生的现金流量的是（　　）。

A. 支付投资者现金股利　　　　　B. 偿还长期借款

C. 处置子公司收入　　　　　　　D. 吸收投资收到现金

27. 所有者权益变动表的作用是（　　）。

A. 揭示利润分配的细节

B. 提供综合收益信息，有助于评价企业价值

C. 提供企业和投资者之间的资本交易信息

D. 联系利润表和资产负债表的纽带

28. 汇总记账凭证账务处理程序下，会计凭证方面除设置收款凭证、付款凭证、转账凭证外，还应设置（　　）。

A. 科目汇总表　　　　　　　　　B. 汇总收款凭证

C. 汇总付款凭证　　　　　　　　D. 汇总转账凭证

29. 以下关于会计档案保管期限，说法正确的是（　　）。

A. 会计凭证类，30 年　　　　　　B. 会计账簿，30 年

C. 会计报告，永久　　　　　　　D. 银行对账单，10 年

30. 我国现行的会计规范体系包括（　　）。

A.《会计法》　　　　　　　　　　B.《企业会计准则》

C.《企业会计制度》　　　　　　　D.《会计基础工作规范》

得分	

三、计算题（本大题共 2 小题，第一小题 6 分，第二小题 4 分，共 10 分）

1. 某厂本月发生下列有关经济业务。

（1）本月购进甲材料 200 吨，单价 50 元，购进乙材料 250 吨，单价 30 元，两种材料的运费共计 900 元。

（2）本厂生产 A、B 两种产品，生产 A 产品耗用 100 吨甲材料，生产 B 产品耗用 150 吨乙材料。

（3）本月 A 产品的生产工人工资 1 000 元，B 产品的生产工人工资 1 200 元。

（4）本月发生的制造费用共 1 100 元。

请按照如下要求，计算各项费用和成本。

（1）按材料重量比例分配运费。

（2）按生产工人工资比例分配制造费用。

（3）假如 A、B 两种产品全部完工（无期初在产品），计算 A、B 两种产品的制造成本。

2. 某企业 20×2 年 12 月部分账户期末余额如下表所示。

单位：元

账户名称	期末余额	
	借方	贷方
库存现金	8 900	
银行存款	556 000	
应收账款	485 000	25 000
坏账准备		12 000
在途物资	82 000	
生产成本	190 000	
库存商品	380 900	
固定资产	329 800	
累计折旧		99 000
应付账款		225 000
应付职工薪酬		30 000
长期借款		500 000
其中：一年内到期的长期借款		150 500
实收资本		990 300
利润分配（未分配利润）		103 800

计算资产负债表中的货币资金、应收账款、存货、长期借款金额。

（1）货币资金＝

（2）应收账款＝

（3）存货＝

（4）长期借款＝

得分	

四、填表题（本大题共 2 小题，其中第 1 小题 4 分，第 2 小题 6 分，共 10 分）

1. 某公司 20×8 有下列资料。

单位：元

账户名称	期初余额	本期借方发生额	本期贷方发生额	期末余额
应收账款		60 000	35 000	45 000
短期借款	20 000		15 000	5 000
实收资本	550 000	0		650 000
固定资产	80 000	21 000		56 500

根据各类账户的结构关系，计算并填写上列表格的空格。
（1）应收账款=
（2）短期借款=
（3）实收资本=
（4）固定资产=

2. 某公司 12 月 31 日银行存款日记账余额为 31 380 元，银行对账单余额为 50 580 元，12 月 28 日至 31 日有关资料详见下表（12 月 27 日以前的数额已核对相符）。

银行存款日记账记录			银行存款对账单记录		
日期	摘要	金额/元	日期	摘要	金额/元
12 月 28 日	开出转账支票支付明年广告费（#1112）	146 600	12 月 30 日	收到转账支票（＃1114）支付应付款	19 600
28 日	开出转账支票支付广告费（#1113）	8 160	30 日	代收货款	32 400
29 日	收回应收款	15 600	31 日	代付水电费	5 760
30 日	开出转账支票（＃1114）支付应付款	19 600	31 日	收到转账支票（＃1112）支付下季度财产保险费	146 600

根据上述资料，编制"银行存款余额调节表"。

银行存款余额调节表

项目	金额/元	项目	金额/元
企业银行存款日记账余额		银行对账单余额	
加：		加：	
减：		减：	
调节后余额		调节后余额	

得分	

五、会计处理题（本大题共 20 小题，每小题 2 分，共 40 分）

（1）投资者投入机器设备一台，原价 50 000 元，已提折旧 10 000 元，投资合同约定价值 20 000 元。

（2）从市外购入材料一批，价款 50 000 元，材料已验收入库。以银行存款支付全部费用。

（3）从银行提取现金 200 000 元。

（4）现金 100 000 元用于发放上月职工工资，当日发放完毕。

（5）本月职工工资分配如下：A 产品生产工人工资 60 000 元，车间管理人员工资 30 000 元，行政管理人员工资 10 000 元。

（6）计提本月固定资产折旧费 15 000 元，其中生产车间使用的固定资产应计提 9 000 元，行政管理部门使用的固定资产应计提 6 000 元。

（7）向 B 工厂销售产品 300 台，每台售价 2 100 元，货已发出，货款尚未收回。

（8）用银行存款支付明年的报刊费 1 200 元。

（9）企业采购员出差向财务科预借差旅费 1 000 元，财务科以现金付讫。

（10）收到 B 工厂违反合同交来的违约金 800 元，存入银行。

（11）结转完工产品成本 260 000 元。

（12）结转本月已销售产品成本 200 000 元。

（13）盘盈原材料 200 元，属于收发计量错误导致。

（14）对应收账款计提坏账准备 4 000 元，坏账准备期初贷方余额 1 500 元。

（15）收回上月已确认的坏账 5 000 元。

（16）计算本月应缴纳的城市维护建设税 3 500 元。

（17）结转本月发生的全部收入。

（18）结转本月发生的全部各项费用。

（19）计算并结转所得税费用。

（20）按照税后净利润 10%提取盈余公积。

根据上述经济业务，编制会计分录，企业增值税税率为 13%。

参 考 答 案

一、单选题

（1~5）　C　B　B　D　A
（6~10）　C　D　C　B　B
（11~15）　B　C　A　A　D
（16~20）　B　C　C　B　C

二、多选题

| 21. AC | 22. ACD | 23. AD | 24. ACD | 25. ACD |
| 26. ABD | 27. ABCD | 28. BCD | 29. ABD | 30. ABCD |

三、计算题

1. （1）运费的分配：$\dfrac{900}{200+250}=2$（元/吨）

　　　　甲材料应分摊运费 $2\times200=400$（元）

　　　　乙材料应分摊运费 $2\times250=500$（元）

　（2）制造费用的分配：$\dfrac{1100}{1\,000+1\,200}=0.5$（元）

　　　　A 产品应负担的制造费用：$0.5\times1\,000=500$（元）

　　　　B 产品应负担的制造费用：$0.5\times1\,200=600$（元）

　（3）A 产品的实际生产成本：$5\,200+1\,000+500=6\,700$（元）

　　　　B 产品的实际生产成本：$4\,800+1\,200+600=6\,600$（元）

2. （1）货币资金 $=8\,900+556\,000=564\,900$（元）

　（2）应收账款 $=485\,000-12\,000=473\,000$（元）

　（3）存货 $=82\,000+190\,000+380\,900=652\,900$（元）

　（4）长期借款 $=500\,000-150\,500=349\,500$（元）

四、填表题

1. （1）应收账款 $=45\,000+35\,000-60\,000=20\,000$（元）

　（2）短期借款 $=20\,000+15\,000-5\,000=30\,000$（元）

　（3）实收资本 $=650\,000-550\,000=100\,000$（元）

　（4）固定资产 $=80\,000+21\,000-56\,500=44\,500$（元）

2.

项目	金额/元	项目	金额/元
企业银行存款日记账余额	31 380	银行对账单余额	50 580
加：银行已收，企业未收	32 400	加：企业已收，银行未收	15 600
减：银行已付，企业未付	5 760	减：企业已付，银行未付	8 160
调节后余额	58 020	调节后余额	58 020

五、会计处理题

（1）借：固定资产　　　　　　　　　　　　　　　20 000
　　　　贷：实收资本　　　　　　　　　　　　　　20 000
（2）借：原材料　　　　　　　　　　　　　　　　50 000
　　　　应交税费——应交增值税（进项税额）　　6 500
　　　　贷：银行存款　　　　　　　　　　　　　　56 500
（3）借：库存现金　　　　　　　　　　　　　　　200 000
　　　　贷：银行存款　　　　　　　　　　　　　　200 000
（4）借：应付职工薪酬　　　　　　　　　　　　　100 000
　　　　贷：库存现金　　　　　　　　　　　　　　100 000
（5）借：生产成本　　　　　　　　　　　　　　　60 000
　　　　制造费用　　　　　　　　　　　　　　　30 000
　　　　管理费用　　　　　　　　　　　　　　　10 000
　　　　贷：应付职工薪酬　　　　　　　　　　　　100 000
（6）借：制造费用　　　　　　　　　　　　　　　9 000
　　　　管理费用　　　　　　　　　　　　　　　6 000
　　　　贷：累计折旧　　　　　　　　　　　　　　15 000
（7）借：应收账款　　　　　　　　　　　　　　　711 900
　　　　贷：主营业务收入　　　　　　　　　　　　630 000
　　　　　　应交税费——应交增值税（销项税额）　81 900
（8）借：其他应收款（待摊费用）　　　　　　　　1 200
　　　　贷：银行存款　　　　　　　　　　　　　　1 200
（9）借：其他应收款　　　　　　　　　　　　　　1 000
　　　　贷：库存现金　　　　　　　　　　　　　　1 000
（10）借：银行存款　　　　　　　　　　　　　　800
　　　　贷：营业外收入　　　　　　　　　　　　　800
（11）借：库存商品　　　　　　　　　　　　　　260 000
　　　　贷：生产成本　　　　　　　　　　　　　　260 000
（12）借：主营业务成本　　　　　　　　　　　　200 000
　　　　贷：库存商品　　　　　　　　　　　　　　200 000

（13）借：原材料　　　　　　　　　　　　　　　　　　　200
　　　　　贷：待处理财产损溢　　　　　　　　　　　　　　　200
　　　借：待处理财产损溢　　　　　　　　　　　　　　200
　　　　　贷：管理费用　　　　　　　　　　　　　　　　　　200
（14）借：信用减值损失　　　　　　　　　　　　　　2 500
　　　　　贷：坏账准备　　　　　　　　　　　　　　　　　2 500
（15）借：应收账款　　　　　　　　　　　　　　　　5 000
　　　　　贷：坏账准备　　　　　　　　　　　　　　　　　5 000
　　　借：银行存款　　　　　　　　　　　　　　　　5 000
　　　　　贷：应收账款　　　　　　　　　　　　　　　　　5 000
（16）借：税金及附加　　　　　　　　　　　　　　　3 500
　　　　　贷：应交税费　　　　　　　　　　　　　　　　　3 500
（17）借：主营业务收入　　　　　　　　　　　　　630 000
　　　　营业外收入　　　　　　　　　　　　　　　　800
　　　　　贷：本年利润　　　　　　　　　　　　　　　630 800
（18）借：本年利润　　　　　　　　　　　　　　　221 800
　　　　　贷：主营业务成本　　　　　　　　　　　　　200 000
　　　　　　管理费用　　　　　　　　　　　　　　　15 800
　　　　　　税金及附加　　　　　　　　　　　　　　3 500
　　　　　　信用减值损失　　　　　　　　　　　　　2 500
（19）借：所得税费用　　　　　102 250（409 000×0.25=102 250）
　　　　　贷：应交税费　　　　　　　　　　　　　　　102 250
　　　借：本年利润　　　　　　　　　　　　　　　102 250
　　　　　贷：所得税费用　　　　　　　　　　　　　　102 250
（20）借：利润分配　　　　　　　　　　　　　　　30 675
　　　　　贷：盈余公积　　　　　　　　　　　　　　　　30 675

《会计学原理》模拟试卷（二）

得分	

一、单选题（本大题共 20 小题，每小题 1 分，共 20 分，每小题备选答案中，只有一个符合题意的正确答案，将你选定的答案编号填入下列答题框内。不选、错选或多选，本小题均不得分）

1.	2.	3.	4.	5.
6.	7.	8.	9.	10.
11.	12.	13.	14.	15.
16.	17.	18.	19.	20.

1. 下列属于成本类账户的是（   ）。

A. 待摊费用　　　B. 预提费用　　　C. 制造费用　　　D. 管理费用

2. 企业月初资产总额 5 500 万元，负债总额 2 500 万元，本月发生以下业务：向银行借款 800 万元存入银行；用银行存款偿还应付账款 150 万元。则月末所有者权益总额为（   ）元。

A. 3 650 万　　　B. 3 800 万　　　C. 3 000 万　　　D. 2 850 万

3. 采购员预借差旅费，财务部门以现金付讫。这项经济业务所引起的会计要素变化是（   ）。

A. 资产和负债同时增加

B. 资产和负债同时减少

C. 资产中一个项目增加，一个项目减少

D. 负债中一个项目增加，一个项目减少

4. 企业本月生产产品，月初在产品成本 50 000 元，本月发生直接材料 80 000 元，直接人工 40 000 元，制造费用 50 000 元，管理费用 80 000 元，无月末在产品，则本月完工产品成本为（   ）。

A. 220 000 元　　　B. 170 000 元　　　C. 300 000 元　　　D. 260 000 元

5.（　　）属于抵减调整账户。

A. "累计折旧"账户   B. "材料成本差异"账户

C. "利润分配"账户   D. "物资采购"账户

6. 下列账户，属于盘存类的是（　　）。

A. "预收账款"账户   B. "应收账款"账户

C. "资本公积"账户   D. "固定资产"账户

7. 编制科目汇总表的依据是（　　）。

A. 原始凭证   B. 记账凭证   C. 原始凭证汇总表   D. 汇总记账凭证

8. 按照记账凭证的审核要求，下列内容中不属于记账凭证审核内容的是（　　）。

A. 会计科目使用是否正确

B. 凭证所列事项是否符合有关的计划和预算

C. 凭证的金额与所附原始凭证的金额是否一致

D. 凭证项目是否填写齐全

9. 某记账凭证的借方科目为"库存商品"，贷方科目为"生产成本"，则记账凭证所附原始凭证为（　　）。

A. 领料单   B. 发货票   C. 产品入库单   D. 现金收据

10. 出纳人员付出货币资金的依据是（　　）。

A. 收款凭证   B. 付款凭证   C. 转账凭证   D. 原始凭证

11. 现金日记账和银行存款日记账的登记依据是（　　）。

A. 审核无误的收、付款原始凭证   B. 审核无误的收、付款记账凭证

C. 审核无误的所有原始凭证   D. 审核无误的所有记账凭证

12. 在结账前，若发现记账凭证没有错，仅仅是账簿记录中的文字或数字错误，应用（　　）更正。

A. 划线更正法   B. 红字更正法

C. 补充登记法   D. 以上方法均可

13. 对银行存款进行清查时，应将（　　）与银行编制的对账单进行逐笔核对。

A. 银行存款总账   B. 银行存款日记账

C. 银行存款结算单据   D. 支票簿

14. 在财产清查中，经查确实无法支付的应付款项，在按规定的程序报经批准后，转作（　　）。

A. 营业收入   B. 营业外收入

C. 资本公积   D. 坏账准备

15. 月末，企业"应付账款——甲"账户余额为借方 60 000 元，"应收账款——乙"账户余额为贷方20 000 元，"预付账款——丙"账户余额为借方90 000 元，"预付账款——丁"账户余额为贷方40 000 元，则该月末资产负债表中预付账款项目的金额为（　　）元。

A. 90 000   B. 150 000   C. 20 000   D. 40 000

16. 资产负债表中资产的排列顺序是（　　）。

A. 项目的重要性　　　　　　　　B. 项目的流动性

C. 项目的收益性　　　　　　　　D. 项目与现金的关系

17. 各种会计核算程序的主要区别是（　　）。

A. 填制会计凭证的依据和方法不同

B. 登记总账的依据和方法不同

C. 编制会计报表的依据和方法不同

D. 登记明细账的依据和方法不同

18. 会计机构应于（　　）后，将会计档案移交单位会计档案管理机构。

A. 会计年度终了　　　　　　　　B. 年度审计报告提出

C. 单位负责人批准　　　　　　　D. 保管一年期满

19. 下列支出属于收益性支出的是（　　）。

A. 购买固定资产　　　　　　　　B. 生产用水电费

C. 生产工人工资　　　　　　　　D. 短期借款利息

20. 在所有者权益变动表中，与企业本期经营活动无关的项目是（　　）。

A. 综合收益总额

B. 会计政策变更和前期差错更正的累计影响金额

C. 所有者投资资本和向所有者分配利润

D. 提取的盈余公积

得分	

二、多选题（本大题共 10 小题，每小题 2 分，共 20 分，每小题备选答案中，有两个或两个以上符合题意的正确答案。请将选定的答案编号填入答题框内。不选、错选、少选或多选，本小题均不得分）

21.	22.	23.	24.	25.
26.	27.	28.	29.	30.

21. 经济业务的发生会引起资产和收入增减变动的情况有（　　）。

A. 资产增加，收入减少　　　　　B. 资产减少，收入增加

C. 资产和收入同时增加　　　　　D. 资产和收入同时减少

22. 在账务处理中，可用红色墨水的情况有（　　）。

A. 过次页账　　　　　　　　　　B. 冲账

C. 账簿期末结账划线　　　　　　D. 结账分录

23. 下列各账户中，不需要在年末将余额过入下一年开设的新账中的是（　　）。

A. 管理费用　　B. 制造费用　　C. 固定资产　　D. 主营业务成本

24. 财产清查中查明的各种流动资产盘盈，报经批准后可能列入的账户有（　　）。

A. 管理费用　　　　　　　　B. 营业外收入

C. 营业外支出　　　　　　　D. 其他应付款

25. 下列各项，影响利润表中"营业利润"项目计算的因素有（　　）。

A. 主营业务收入　　　　　　B. 管理费用

C. 营业外收入　　　　　　　D. 税金及附加

26. 现金流量表对现金流量的分类为（　　）。

A. 期初结存的现金　　　　　B. 经营活动产生的现金流量

C. 投资活动产生的现金流量　D. 筹资活动产生的现金流量

27. 在各种账务处理程序中，相同的会计账务处理工作有（　　）。

A. 编制汇总记账凭证　　　　B. 登记现金. 银行存款日记账

C. 登记总分类账和各种明细账　D. 编制会计报表

28. 在各种账务处理程序中，能减少登记总账工作量的是（　　）。

A. 记账凭证账务处理程序　　B. 日记总账账务处理程序

C. 汇总转账凭证编制法　　　D. 科目汇总表编制法

29. 以下关于会计档案保管期限，说法正确的是（　　）。

A. 会计凭证类，30 年　　　　B. 会计账簿，30 年

C. 会计报告，永久　　　　　D. 银行对账单，10 年

30. 以下属于会计专业技术人员继续教育的形式的是（　　）。

A. 参加会计类专业会议

B. 公开出版会计类书籍

C. 参加会计专业类学历（学位）教育

D. 参加会计专业技术教育培训

得分	

三、计算题（本大题共 2 小题，第一小题 4 分，第二小题 6 分，共 10 分）

1. 企业 12 月末各账户的期末余额如下。

单位：元

账户名称	借方余额	贷方余额
材料采购	30 000	
材料成本差异		2 000
原材料	50 000	
生产成本	40 000	
库存商品	35 000	

续表

账户名称	借方余额	贷方余额
无形资产	20 000	
累计摊销		8 000
无形资产减值准备		7 000
应付账款	3 500	60 000
预付账款	8 000	2 000
长期借款		350 000
其中，一年内到期长期借款		50 000

请计算企业资产负债表中的存货、无形资产、应付账款、长期借款金额。

（1）存货=

（2）无形资产=

（3）应付账款=

（4）长期借款=

2. 企业 12 月末未转账前各损益类账户的发生额如下表所示。

单位：元

账户名称	借方	贷方
主营业务收入		800 000
其他业务收入		20 000
主营业务成本	500 000	
税金及附加	5 000	
其他业务成本	10 000	
营业外支出	10 000	
管理费用	30 000	
财务费用	20 000	
销售费用	10 000	
信用减值损失	8 000	
资产减值损失	6 000	
营业外收入	8 000	
投资收益	100 000	

请计算企业本期营业利润、总利润、净利润，使用所得税税率 25%。

（1）营业利润=

（2）总利润=

（3）净利润=

得分	

四、填表题（本大题共 2 小题，其中第 1 小题 5 分，第 2 小题 5 分，共 10 分）

1. 根据某企业 7 月发生的下列经济业务，按权责发生制原则和收付实现制原则分别计算该企业本月的收入和费用，资料如下。

（1）预收销售定金 8 000 元，下个月交货。

（2）销售产品 30 000 元，货款尚未收到。

（3）预付 7~12 月广告费 18 000 元。

（4）本月应计提借款利息 3 600 元。

（5）收回上月销货款 15 000 元。

请在表格空白处填入计算结果。

业务号	权责发生制		收付实现制	
	收入/元	费用/元	收入/元	费用/元
（1）				
（2）				
（3）				
（4）				
（5）				

2. 某企业银行存款日记账月末余额为 244 950 元，银行对账单的余额为 249 395 元，经逐笔核对，发现有下列未达账项。

（1）企业已入账，银行尚未入账的企业存入转账支票共 11 200 元。

（2）企业开出转账支票 9 100 元支付购买材料货款，银行尚未入账。

（3）银行代收销货款 6 790 元，银行已入账，企业未入账。

（4）划扣银行借款利息 245 元，银行已入账，企业未入账。

根据以上未达账项，编制银行存款余额调节表。

银行存款余额调节表

项目	金额/元	项目	金额/元
银行存款日记账余额		银行对账单余额	
加：		加：	
减：		减：	
调节后余额		调节后余额	

得分 |　　　　　|

五、会计处理题（本大题共 20 小题，每小题 2 分，共 40 分）

（1）投资者 A 投入资本 500 000 元。

（2）从 B 企业外购原材料一批，价款 5 000 元，货款尚未支付。

（3）以银行存款支付上述材料款。并将材料验收入库。

（4）借入长期借款 300 000 元。

（5）本月职工工资分配如下：A 产品生产工人工资 60 000 元，车间管理人员工资 30 000 元，行政管理人员工资 10 000 元。

（6）计提本月固定资产折旧费 15 000 元，其中生产车间使用的固定资产应计提 9 000 元，行政管理部门使用的固定资产应计提 4 000 元，销售部门使用的固定资产折旧 2 000 元。

（7）向 C 工厂销售产品 300 台，增值税发票售价 2 000 元，货已发出，货款尚未收回。

（8）用银行存款支付明年的报刊费 3 000 元。

（9）企业采购员张三出差归来，报销差旅费 1 500 元，出差前张三向财务科预借差旅费 1 000 元，财务科以现金付讫。

（10）支付给的 D 工厂合同违约金 2 000 元。

（11）结转本月完工产品成本 300 000 元。

（12）结转本月已销售产品成本 400 000 元。

（13）盘亏设备一台，账面原值 30 000 元，已提折旧 20 000 元，已提减值准备 5 000 元，经查该设备已毁损，同意注销。

（14）购入交易性金融资产，支付 52 000 元，其中价格 50 000 元，已宣告但尚未发放的股利 2 000 元。另外支付 500 元手续费。

（15）计算本月产品销售应缴纳的教育附加费 3 500 元。

（16）结转本月发生的全部收入。

（17）结转本月发生的全部各项费用。

（18）根据本月实现的利润总额的 25% 计算应交所得税。

（19）期末结转所得税费用。

（20）进行利润分配，提取盈余公积 20 000 元。

根据上述经济业务，编制会计分录，企业增值税税率为 13%。

参 考 答 案

一、单选题

（1~5） C C C A A
（6~10） D B B C B
（11~15） B A B B B
（16~20） B B A D B

二、多选题

21. CD 22. BC 23. AD 24. ABD 25. ABD
26. BCD 27. BCD 28. CD 29. ABD 30. ABCD

三、计算题

1. （1）存货=30 000−2 000+50 000+40 000+35 000=153 000（元）
   （2）无形资产=20 000−8 000−7 000=5 000（元）
   （3）应付账款=60 000+2 000=62 000（元）
   （4）长期借款=350 000−50 000=300 000（元）
2. （1）营业收入=主营业务收入+其他业务收入=800 000+20 000=820 000（元）
   营业成本=主营业务成本+其他业务成本=500 000+10 000=510 000（元）
   营业利润=营业收入−营业成本−税金及附加−财务费用−销售费用−管理费用−研发费用−资产减值损失−信用减值损失+其他收益+投资收益+公允价值变动损益+资产处置损益=820 000−510 000−179 000=131 000（元）
   （2）总利润=营业利润+营业外收入−营业外支出=131 000+8 000−10 000=129 000（元）
   （3）净利润=总利润−所得税费用=129 000−32 250=96 750（元）

四、填表题

1.

业务号	权责发生制		收付实现制	
	收入/元	费用/元	收入/元	费用/元
（1）			8 000	
（2）	30 000			
（3）		3 000		18 000
（4）		3 600		
（5）			15 000	

2.

银行存款余额调节表

项目	金额/元	项目	金额/元
银行存款日记账余额	244 950	银行对账单余额	249 395
加：银行已收，企业未收	6 790	加：企业已收，银行未收	11 200
减：银行已付，企业未付	245	减：企业已付，银行未付	9 100
调节后余额	251 495	调节后余额	251 495

五、会计处理题

（1）借：银行存款　　　　　　　　　　　　　　　　　500 000
　　　　贷：实收资本　　　　　　　　　　　　　　　　　500 000
（2）借：在途物资　　　　　　　　　　　　　　　　　5 000
　　　　应交税费——应交增值税（进项税额）　　　650
　　　　贷：应付账款——B 企业　　　　　　　　　　　5 650
（3）借：应付账款——B 企业　　　　　　　　　　　5 650
　　　　贷：银行存款　　　　　　　　　　　　　　　　　5 650
　　借：原材料　　　　　　　　　　　　　　　　　　5 000
　　　　贷：在途物资　　　　　　　　　　　　　　　　　5 000
（4）借：银行存款　　　　　　　　　　　　　　　　　300 000
　　　　贷：长期借款　　　　　　　　　　　　　　　　　300 000
（5）借：生产成本　　　　　　　　　　　　　　　　　60 000
　　　　制造费用　　　　　　　　　　　　　　　　　30 000
　　　　管理费用　　　　　　　　　　　　　　　　　10 000
　　　　贷：应付职工薪酬　　　　　　　　　　　　　　100 000
（6）借：制造费用　　　　　　　　　　　　　　　　　9 000
　　　　管理费用　　　　　　　　　　　　　　　　　4 000
　　　　销售费用　　　　　　　　　　　　　　　　　2 000
　　　　贷：累计折旧　　　　　　　　　　　　　　　　　15 000
（7）借：应收账款——C 工厂　　　　　　　　　　　678 000
　　　　贷：主营业务收入　　　　　　　　　　　　　　600 000
　　　　　　应交税费——应交增值税（销项税额）　　78 000
（8）借：其他应收款　　　　　　　　　　　　　　　　3 000
　　　　贷：银行存款　　　　　　　　　　　　　　　　　3 000
（9）借：管理费用　　　　　　　　　　　　　　　　　1 500
　　　　贷：其他应收款——张三　　　　　　　　　　　1 000
　　　　　　库存现金　　　　　　　　　　　　　　　　　500

（10）借：营业外支出　　　　　　　　　　　　　　　　　2 000

　　　　贷：银行存款　　　　　　　　　　　　　　　　　　　2 000

（11）借：库存商品　　　　　　　　　　　　　　　　　300 000

　　　　贷：生产成本　　　　　　　　　　　　　　　　　　300 000

（12）借：主营业务成本　　　　　　　　　　　　　　　400 000

　　　　贷：库存商品　　　　　　　　　　　　　　　　　　400 000

（13）借：待处理财产损溢——待处理固定资产损溢　　　5 000

　　　　累计折旧　　　　　　　　　　　　　　　　　　20 000

　　　　固定资产减值准备　　　　　　　　　　　　　　5 000

　　　　贷：固定资产　　　　　　　　　　　　　　　　　　30 000

　　　借：营业外支出　　　　　　　　　　　　　　　　　5 000

　　　　贷：待处理财产损溢——待处理固定资产损溢　　　　5 000

（14）借：交易性金融资产　　　　　　　　　　　　　　50 000

　　　　应收股利　　　　　　　　　　　　　　　　　　2 000

　　　　投资收益　　　　　　　　　　　　　　　　　　　500

　　　　贷：银行存款　　　　　　　　　　　　　　　　　　52 500

（15）借：税金及附加　　　　　　　　　　　　　　　　3 500

　　　　贷：应交税费——应交教育费附加　　　　　　　　　3 500

（16）借：主营业务收入　　　　　　　　　　　　　　　600 000

　　　　贷：本年利润　　　　　　　　　　　　　　　　　　600 000

（17）借：本年利润　　　　　　　　　　　　　　　　　428 500

　　　　贷：主营业务成本　　　　　　　　　　　　　　　　400 000

　　　　　营业外支出　　　　　　　　　　　　　　　　　7 000

　　　　　投资收益　　　　　　　　　　　　　　　　　　500

　　　　　税金及附加　　　　　　　　　　　　　　　　3 500

　　　　　管理费用　　　　　　　　　　　　　　　　　15 500

　　　　　销售费用　　　　　　　　　　　　　　　　　2 000

（18）借：所得税费用　　　　　　　　　　　　　　　　42 875

　　　　贷：应交税费　　　　　　　　　　　　　　　　　　42 875

（19）借：本年利润　　　　　　　　　　　　　　　　　42 875

　　　　贷：所得税费用　　　　　　　　　　　　　　　　　42 875

（20）借：利润分配　　　　　　　　　　　　　　　　　20 000

　　　　贷：盈余公积　　　　　　　　　　　　　　　　　　20 000

《会计学原理》模拟试卷（三）

得分	

一、单选题（本大题共 20 小题，每小题 1 分，共 20 分，每小题备选答案中，只有一个符合题意的正确答案，将你选定的答案编号填入下列答题框内。不选、错选或多选，本小题均不得分）

1.	2.	3.	4.	5.
6.	7.	8.	9.	10.
11.	12.	13.	14.	15.
16.	17.	18.	19.	20.

1. 会计主体假设规定了会计核算的（　　）。
A. 时间范围
B. 空间范围
C. 期间费用范围
D. 成本开支范围

2. 20×8 年 7 月收到销售定金 10 000 元，8 月销售产品，全部售价 60 000 元，9 月收到 30 000 元，10 月收到 10 000 元，12 月收到余款。按权责发生制核算时，该项收入应属于（　　）。
A. 20×8 年 7 月
B. 20×8 年 8 月
C. 20×8 年 10 月
D. 20×8 年 12 月

3. 下列经济业务发生，不会导致会计等式两边总额发生变化的是（　　）。
A. 收回应收账款并存入银行
B. 从银行取得借款并存入银行
C. 以银行存款偿还应付账款
D. 收到投资者以无形资产进行的投资

4. 下列各项目中属于资产的是（　　）。
A. 应付账款
B. 预付账款
C. 预收账款
D. 应付股利

5. 企业本期期初资产总额为 280 000 元，本期期末负债总额比期初增加 30 000 元，所有者权益总额比期初减少 10 000 元，则企业期末资产总额为（　　）。
A. 280 000 元
B. 310 000 元
C. 270 000 元
D. 300 000 元

6. "材料成本差异"账户按用途和结构分类，属于（　　）。

A. 盘存账户　　　　　　　　　B. 备抵调整账户

C. 附加调整账户　　　　　　　D. 备抵附加调整账户

7. 在借贷记账法中，账户的哪一方记录增加，哪一方记录减少是由（　　）决定的。

A. 账户的性质　　　　　　　　B. 记账规则

C. 账户的结构　　　　　　　　D. 业务的性质

8. 活页账簿与卡片账簿可适用于（　　）。

A. 现金日记账　　　　　　　　B. 联合账簿

C. 通用日记账　　　　　　　　D. 明细分类账

9. 某记账凭证的借方科目为"本年利润"，贷方科目为"管理费用"，则所附原始凭证为（　　）。

A. 发票　　　　　　　　　　　B. 收据

C. 差旅费报销单　　　　　　　D. 不需附原始凭证

10. 月末企业银行存款的实际可用余额应是（　　）。

A. 银行对账单上所列余额

B. 银行存款日记账余额

C. 用冲销法编制的"银行存款调节表"中的调节后余额

D. 用补记法编制的"银行存款调节表"中的调节后余额

11. 待处理财产损溢账户的期末贷方余额表示（　　）。

A. 尚待批准处理的财产盘亏数、毁损数

B. 尚待批准处理的财产盘盈数

C. 已批准处理的财产盘亏数、毁损数

D. 已批准处理的财产盘盈数

12. 采用实地盘存制时，财产物资的期末结存数就是（　　）。

A. 账面结存数　　　　　　　　B. 实地盘存数

C. 收支抵减数　　　　　　　　D. 滚存结余数

13. 企业"应收账款"明细账借方余额合计为380 000元，贷方余额合计为95 000元，坏账准备贷方余额为3 200元，则资产负债表的"应收账款净额"项目为（　　）元。

A. 380 000　　　　　　　　　 B. 281 800

C. 383 200　　　　　　　　　 D. 376 800

14. 下列属于"经营活动现金流量"的是（　　）。

A. 取得短期借款3 000元存入银行

B. 向股东分配现金股利2 000元

C. 销售商品10 000元，款项存入银行

D. 用存款购买机器一台5 000元

15. 企业结账时（　　）。

A. 一定要原始凭证

B. 不需要原始凭证

C. 可以要，也可以不要原始凭证

D. 以上说法都不对

16. 对账户记录进行试算平衡是根据（　　）的基本原理。

A. 账户结构
B. 会计要素划分的类别

C. 会计等式
D. 所发生的经济业务的内容

17. 下列各项，应在资产负债表的流动负债部分中单独列项反映的是（　　）。

A. 长期待摊费用中在一年内摊销的部分

B. 预计一年内收回的长期股权投资

C. 预计一年内报废的固定资产

D. 将于一年内到期的长期借款

18. 企业的会计凭证、会计账簿、会计报表相结合的方式为（　　）。

A. 账簿组织
B. 账务处理程序

C. 会计报表组织
D. 会计工作组织

19. 中华人民共和国会计法由（　　）制定和颁布。

A. 国务院
B. 人民代表大会常务委员会

C. 财政部
D. 各级财政部门共同

20. 按照我国《会计档案管理办法》的规定，记账凭证的保管期限是（　　）。

A. 10 年
B. 15 年

C. 30 年
D. 永久

得分	

二、多选题（本大题共 10 小题，每小题 2 分，共 20 分，每小题备选答案中，有两个或两个以上符合题意的正确答案。请将选定的答案编号填入答题框内。不选、错选、少选或多选，本小题均不得分）

21.	22.	23.	24.	25.
26.	27.	28.	29.	30.

21. 下列关于会计要素之间关系的说法正确的是（　　）

A. 费用的发生，会引起资产的减少，或引起负债的增加

B. 收入的取得，会引起资产的减少，或引起负债的增加

C. 收入的取得，会引起资产的增加，或引起负债的减少

D. 所有者权益的增加可能引起资产的增加

22. 总分类账和明细账的关系是（　　）。

A. 总分类账提供总括资料，明细账提供详细资料

B. 总分类账和明细分类账平行登记

C. 总分类账统驭控制所属明细账

D. 明细分类账补充说明与其相关的总分类账

23. 下列各账户中，期末可能有余额在借方的是（ ）。

A. 制造费用　　　B. 生产成本　　　C. 销售费用　　　D. 主营业务成本

24. 下列项目应计入"利润分配"账户借方的是（ ）。

A. 提取的公积金　　　　　　　B. 盈余公积弥补亏损

C. 年末转入的亏损额　　　　　D. 分配给投资者的利润

25. 按照经济内容分类，账户有（ ）。

A. 资产账户　　　　　　　　　B. 负债类账户

C. 所有者权益账户　　　　　　D. 损益账户

26. 必须每年更换的账簿有（ ）。

A. 银行存款日记账　　　　　　B. 总分类账簿

C. 明细分类账　　　　　　　　D. 固定资产卡片

27. 企业银行存款日记账账面余额大于银行对账单余额可能的原因有（ ）。

A. 企业账簿记账错误

B. 银行账簿记账错误

C. 企业已作收入入账，银行未入账

D. 银行已作支出入账，企业未入账

28. 能影响利润表中"营业利润"的项目有（ ）。

A. 主营业务收入　　　　　　　B. 管理费用

C. 投资收益　　　　　　　　　D. 制造费用

29. 会计工作岗位，可以（ ）。

A. 一人一岗　　　　　　　　　B. 出纳兼会计档案保管工作

C. 一岗多人　　　　　　　　　D. 出纳兼记固定资产明细账

30. 从事会计工作的人员（ ）。

A. 必须取得会计从业资格证书　　B. 具备从事会计工作所需要的专业能力

C. 熟悉国家法律法规　　　　　　D. 遵守会计职业道德

得分	

三、计算题（本大题 6 分）

某企业 20×2 年 12 月部分账户期末余额如下表所示。

账户名称	借方余额/元	贷方余额/元
库存现金	9 000	
银行存款	350 000	
材料采购	60 000	
材料成本差异		5 000

续表

账户名称	借方余额/元	贷方余额/元
原材料	70 000	
生产成本	60 000	
库存商品	65 000	
固定资产	35 000	
累计折旧		8 500
固定资产减值准备		7 080
应收账款	30 500	3 000
预收账款	8 000	2 000
坏账准备		6 000
长期借款 其中，一年内到期长期借款		350 000 50 000
实收资本		80 000

计算资产负债表有关项目金额。
（1）货币资金。
（2）应收账款。
（3）存货。
（4）一年内到期的非流动负债。
（5）固定资产。
（6）实收资本。

得分	

四、填表题（本大题共 2 小题，其中第 1 小题 8 分，第 2 小题 6 分，共 14 分）

1. 某企业 20×2 有下列资料。

账户名称	本期借方发生额/元	本期贷方发生额/元
主营业务收入	10 000	500 000
其他业务收入		50 000
投资收益	10 000	2 000
营业外收入		30 000
主营业务成本	210 000	

续表

账户名称	本期借方发生额/元	本期贷方发生额/元
税金及附加	80 000	
销售费用	25 000	
管理费用 其中：研发费用	47 000 13 000	
其他业务成本	30 000	
公允价值变动损益		40 000
资产减值损失	16 000	
信用减值损失	25 000	10 000
营业外收入		15 000

根据各类账户 12 月转账前各损益类账户的发生额表，编制企业利润表。

项目	本期金额/元
一、营业收入	
减：营业成本	
税金及附加	
销售费用	
管理费用	
研发费用	
资产减值损失	
信用减值损失	
加：投资收益	
公允价值变动损益	
二、营业利润	
加：营业外收入	
减：营业外支出	
三、利润总额	
减：所得税费用	
四、净利润	

2. 20×年 9 月 30 日，华丰公司银行存款日记账账面余额为 52 373 元，银行对账单余额为 57 080 元，经逐步核对，发现双方不符的原因如下。

（1）华丰公司收到蓝天公司货款7 000元的转账支票一张，因托收手续尚未办妥，银行尚未入账。

（2）华丰公司委托银行托收兴业公司货款8 800元，银行已收妥入账，但华丰公司因尚未收到银行通知而未入账。

（3）华丰公司开出#50支票580元，持票人尚未兑现。

（4）银行从华丰公司存款户中扣除结算的利息费3 000元。

（5）华丰公司本月水电费1 258元，被误记为1 285元。

（6）银行将威力公司存入的支票5 300元误记入华丰公司账户。

根据以上资料，编制银行存款余额调节表。

银行存款余额调节表

项目	金额/元	项目	金额/元
企业银行存款日记账余额		银行对账单余额	
加：		加：	
减：		减：	
调节后余额		调节后余额	

得分	

五、会计处理题（本大题共20小题，每小题2分，共40分）

（1）收到加入投资者投入80 000元，享有公司注册资本6 000元。

（2）从银行取得3个月的借款5万元存入银行。

（3）购入原材料一批，增值税发票注明价格10 000元，材料未验收入库。上月已付定金5 000元，余款尚欠。

（4）对外销售商品一批，不含税售价总额为4万元，上月已收预付款1万元，余款尚未收到。

（5）收到上述销售商品的货款及税款，存入银行。

（6）结转已销售商品的实际成本2.5万元。

（7）从仓库领取材料一批，总价值30 000元，其中生产车间制造产品耗用2 0000元，车间一般耗用10 000元。

（8）计提固定资产折旧费8 000元，其中生产车间折旧费6 000元，厂部管理部门折旧费2 000元。

（9）分配本月应付工资总额2万元，其中生产工人工资1.5万元，厂部管理人员工资0.5万元。

（10）结转本月制造费用。

（11）以现金1 000元购买办公用品。

（12）以银行存款5 000元支付明年广告费。

（13）计提本月借款利息 5 000 元。

（14）收到被投资单位发放现金股利 8 000 元

（15）前欠某机构应付账款 4 000 元，应对方机构撤销无法支付。

（16）将闲置的固定资产出租，获得租金收入 8 000 元。

（17）结转收入类账户。

（18）结转本月发生的全部各项费用。

（19）计算并结转所得税费用。

（20）计提盈余公积金 5 000 元。

根据上述经济业务，编制会计分录，企业增值税税率为 13%。

<h1 style="text-align:center">参 考 答 案</h1>

一、单选题

（1~5）　B　B　A　B　D
（6~10）　D　A　D　D　D
（11~15）　B　B　D　C　B
（16~20）　C　D　B　B　C

二、多选题

21. ACD　　22. ABCD　　23. AB　　24. ACD　　25. ABCD
26. AB　　27. ABCD　　28. ABC　　29. ACD　　30. BCD

三、计算题

（1）货币资金=9 000+350 000=359 000（元）
（2）应收账款=30 500+8 000−6 000=32 500（元）
（3）存货=60 000−5 000+70 000+60 000+65 000=250 000（元）
（4）一年内到期的非流动负债=50 000（元）
（5）固定资产=35 000−8 500−7 080=19 420（元）
（6）实收资本=80 000（元）

四、填表题

1.

项目	本期金额/元
一、营业收入	540 000
减：营业成本	240 000
税金及附加	80 000
销售费用	25 000
管理费用	34 000
研发费用	13 000
资产减值损失	16 000
信用减值损失	15 000
加：投资收益	−8 000
公允价值变动损益	40 000
二、营业利润	149 000
加：营业外收入	45 000

续表

项目	本期金额/元
减：营业外支出	0
三、利润总额	194 000
减：所得税费用	48 500
四、净利润	145 500

2.

项目	金额/元	项目	金额/元
企业银行存款日记账余额	52 373	银行对账单余额	57 080
加：企业多计的水电费	27	减：银行误记他人存款	5 300
更正后企业银行存款日记账余额	52 400	更正后银行对账单余额	51 780
加：银行已收，企业未收	8 800	加：企业已收，银行未收	7 000
减：银行已付，企业未付	3 000	减：企业已付，银行未付	580
调节后余额	58 200	调节后余额	58 200

五、会计处理题

（1）借：银行存款   80 000
    贷：实收资本   60 000
        资本公积   20 000

（2）借：银行存款   50 000
    贷：短期借款   50 000

（3）借：在途物资   10 000
      应交税费——应交增值税（进项税额）   1 300
    贷：预付账款   5 000
        应付账款   6 300

（4）借：应收账款   35 200
      预收账款   10 000
    贷：主营业务收入   40 000
        应交税费——应交增值税（销项税额）   5 200

（5）借：银行存款   35 200
    贷：应收账款   35 200

（6）借：主营业务成本   25 000
    贷：库存商品   25 000

（7）借：生产成本   20 000
      制造费用   10 000
    贷：原材料   30 000

（8）借：制造费用　　　　　　　　　　　　　　　　　　　6 000

　　　　管理费用　　　　　　　　　　　　　　　　　　　2 000

　　　　　贷：累计折旧　　　　　　　　　　　　　　　　　　　　8 000

（9）借：生产成本　　　　　　　　　　　　　　　　　　　15 000

　　　　管理费用　　　　　　　　　　　　　　　　　　　5 000

　　　　　贷：应付职工薪酬　　　　　　　　　　　　　　　　　　20 000

（10）借：生产成本　　　　　　　　　　　　　　　　　　　16 000

　　　　　贷：制造费用　　　　　　　　　　　　　　　　　　　　16 000

（11）借：管理费用　　　　　　　　　　　　　　　　　　　1 000

　　　　　贷：库存现金　　　　　　　　　　　　　　　　　　　　1 000

（12）借：其他应收款　　　　　　　　　　　　　　　　　　5 000

　　　　　贷：银行存款　　　　　　　　　　　　　　　　　　　　5 000

（13）借：财务费用　　　　　　　　　　　　　　　　　　　5 000

　　　　　贷：应付利息　　　　　　　　　　　　　　　　　　　　5 000

（14）借：银行存款　　　　　　　　　　　　　　　　　　　8 000

　　　　　贷：投资收益　　　　　　　　　　　　　　　　　　　　8 000

（15）借：应付账款　　　　　　　　　　　　　　　　　　　4 000

　　　　　贷：营业外收入　　　　　　　　　　　　　　　　　　　4 000

（16）借：银行存款　　　　　　　　　　　　　　　　　　　8 000

　　　　　贷：其他业务收入　　　　　　　　　　　　　　　　　　8 000

（17）借：主营业务收入　　　　　　　　　　　　　　　　　40 000

　　　　其他业务收入　　　　　　　　　　　　　　　　　8 000

　　　　营业外收入　　　　　　　　　　　　　　　　　　4 000

　　　　投资收益　　　　　　　　　　　　　　　　　　　8 000

　　　　　贷：本年利润　　　　　　　　　　　　　　　　　　　　60 000

（18）借：本年利润　　　　　　　　　　　　　　　　　　　38 000

　　　　　贷：主营业务成本　　　　　　　　　　　　　　　　　　25 000

　　　　　　　管理费用　　　　　　　　　　　　　　　　　　　　8 000

　　　　　　　财务费用　　　　　　　　　　　　　　　　　　　　5 000

（19）借：所得税费用　　　　　　　　　　　　　　　　　　5 500

　　　　　贷：应交税费——应交所得税　　　　　　　　　　　　　5 500

　　　　借：本年利润　　　　　　　　　　　　　　　　　　5 500

　　　　　贷：所得税费用　　　　　　　　　　　　　　　　　　　5 500

（20）借：利润分配　　　　　　　　　　　　　　　　　　　5 000

　　　　　贷：盈余公积　　　　　　　　　　　　　　　　　　　　5 000

参 考 文 献

陈国辉，迟旭升. 2021. 基础会计. 7 版. 大连：东北财经大学出版社.

陈文铭. 2021. 基础会计习题与案例. 7 版. 大连：东北财经大学出版社.

董丽. 2023. 会计学原理手工模拟实验教程. 3 版. 北京：机械工业出版社.

怀尔德 J J，肖 K W，基亚佩塔 B. 2021. 会计学原理. 23 版. 崔学刚，译. 北京：中国人民大学出版社.

怀尔德 J J，肖 K W，基亚佩塔 B. 2023. 会计学原理.（英文版）. 25 版. 北京：中国人民大学出版社.

黄世忠，叶丰滢，陈朝琳，等. 2020. 新经济、新模式、新会计. 北京：中国财政经济出版社.

牟小容，王玉蓉. 2021. 会计学原理. 5 版. 北京：经济科学出版社.

企业会计准则编审委员会. 2021a. 企业会计准则案例讲解（2022 年版）. 上海：立信会计出版社.

企业会计准则编审委员会. 2021b. 企业会计准则条文讲解与实务应用. 上海：立信会计出版社.

企业会计准则编审委员会. 2022. 企业会计准则及应用指南实务详解（2022 年版）. 北京：人民邮电出版社.

石本仁. 2020. 会计教学案例. 3 版. 北京：中国人民大学出版社.

张新民，钱爱民. 2023. 财务报表分析. 6 版. 北京：中国人民大学出版社.

中国证券监督管理委员会会计部. 2019. 上市公司执行企业会计准则案例解析（2019）. 北京：中国财政经济出版社.

中华人民共和国财政部. 2021. 企业会计准则应用指南（2022 年版）. 上海：立信会计出版社.

朱小平，秦玉熙. 2021.《基础会计（原初级会计学）（第 11 版·立体化数字教材版）》学习指导书. 北京：中国人民大学出版社.

朱小平，秦玉熙，袁蓉丽. 2021. 基础会计：原初级会计学：立体化数字教材版. 11 版. 北京：中国人民大学出版社.

Stephen R A，Randolph W W，Jeffrey J，et al. 2018. Corporate Finance. New York：McGraw-Hill.

Weygandt J J，Kimmel P D，Kieso D E. 2010. Financial Accounting: IFRS Edition. New York：Wiley.